U0695860

侨界杰出人物故事丛书

钱学森的故事

隋　倩◎编著

中国华侨出版社
·北京·

图书在版编目（CIP）数据

钱学森的故事/隋倩编著. — 北京：中国华侨出版社，2020.3

ISBN 978-7-5113-8183-5

Ⅰ.①钱⋯ Ⅱ.①隋⋯ Ⅲ.①钱学森（1911-2009）—传记

Ⅳ.①K826.16

中国版本图书馆CIP数据核字（2020）第 002654 号

●**钱学森的故事**

编　　著 / 隋　倩

特约编辑 / 吴文智

责任编辑 / 黄　威

封面设计 / 何洁薇

经　　销 / 新华书店

开　　本 / 710毫米×1000毫米　　1/16　　印张/16.75　　字数/196 千字

印　　刷 / 北京溢漾印刷有限公司

版　　次 / 2020 年 6 月第 1 版　　2020 年 6 月第 1 次印刷

书　　号 / ISBN 978-7-5113-8183-5

定　　价 / 62.00元

中国华侨出版社　　北京市朝阳区西坝河东里77号楼底商5号　　邮编：100028

法律顾问：陈鹰律师事务所

发 行 部：（010）64443051　　传 真：（010）64439708

网　　址：www.oveaschin.com　　E-mail：oveaschin@sina.com

如发现印装质量问题，影响阅读，请与印刷厂联系调换。

目　录

第一章
幸福童年

杭州钱氏家族是名副其实的名门望族，算得上是中国的贵族，1000 多年以来，代代都有钟鸣鼎食之家、博学宏识之士。

1
屈辱的年代

1840 年，似乎离我们过于久远了。但是，若你明白，就在那一年，一场战争开启了近代中国被压迫、被欺凌的历史，那么，这个令中华儿女痛彻心扉的年份就会与无数屈辱的血泪一起永远铭刻在你的心中。

那是清朝末年的中国，长期的闭关锁国让国人对外面世界的飞速发展知之甚少，"康乾盛世"后一百多年的时间里，曾经的泱泱大国不仅彻底丧失了"八方来贺"的威仪，而且各种矛盾不断爆发，国家越发羸弱不堪，已根本无力阻挡以英帝国主义为首的各国列强向全球扩张的魔爪。列强们先是用罪恶的鸦片敲开了中国的大门，在掠夺大量的财富和资源的同时，毒害腐蚀着中国人的身躯和心灵。面对中国暴风骤雨般的禁烟运动，英帝国主义悍然发动了侵略战争，史称"鸦片战争"。屈服于列强的坚船利炮，腐朽的清政府赔款、割地、开放通商口岸，中国一步步沦为

各国列强瓜分中国

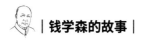

半殖民地半封建的社会。

英国侵略军头目乔治·巴尔福成为第一个常驻上海的外国领事。在上海安身后不久，巴尔福就发布通告，宣布上海于1843年11月17日正式开辟为商埠。开埠后一个半月内，就有11家洋行争相涌入上海滩。英国的传教士、医生、领事馆人员等也纷至沓来。与此同时，从国内各地赶来的冒险家、暴发户、买办、金融家、商人甚至帮会流氓等各色人等也汇集其间。一时间，黄浦江中汽笛不断，跑马路旁灯火长明；西装革履与长袍马褂摩肩接踵，四方土话与欧美语言混杂一处。一些洋人因为清廷软弱，到处滋事，华洋之间纠纷和摩擦不断出现。

一次，一位姓姚的基督徒因为非作歹而被官府拘捕。这位巴尔福领事为迫使清政府放人，竟然威胁要出动军舰，事情最终只得以当时的地方官——上海道台宫慕久放人道歉收场。

事后，巴尔福不失时机地拜会了这位道台大人。

"大人，我们之间的很多不愉快都是因为我们没有一块自己的居留地。"巴尔福终于说明了真正的来意，"我看中了县城外黄浦江边的那块荒滩，不知大人能不能卖给我们作居住用？"

巴尔福所说的这片荒滩就是今天著名的上海外滩，之所以要选择这里作为居留地，是因为黄浦江和苏州河在此处交汇，可以停泊英国人的舰船，便于随时借用武力威慑，逼迫中国人就范。巴尔福曾经毫不避讳地扬言："看到我们的舰船，就能看到我们的实力。我们的政策就是全面控制这条大江！"

19 世纪末的上海外滩

听罢巴富尔的建议，宫慕久连忙摆了摆手，"按照大清律例，土地是不能卖给你们的。不过，"停顿了片刻，宫慕久望了巴尔福一眼，"租给你们是可以的。"也许宫慕久无法知道，他的这一句"租给你们是可以的"，已在悄然间开启了中国大片土地被"租借"、被殖民的历史。香港、澳门一"租"就是 99 年，经历了无数坎坷，直到 20 世纪末的 1997 年和 1999 年，才分别回到了祖国母亲的怀抱。

最终，经过几番谈判，上海外滩这块约 830 亩的土地以每亩年租金 1500 文的价格被英国人"租"了下来，成了英国的"租界"。1500 文有多少呢？在当时，一个包子的价格约为 2 文，一块如此大小的土地，一年的租金也只是 750 个包子的钱而已。而这是一国的领土！——就这样，被拱手"送"到了殖民者手中。中国近代史上出现了第一个租界——英租界。不久，租界的面积迅速激增至 2820 亩。

先例一开，各国列强当然不甘示弱，纷纷仿效，美国、法国、日本在上海、天津、武汉建立的租界如雨后春笋般拔地而起，不断扩大，并逐渐演变成外国侵略者自己的领地——他们行使独立的行政权、立法权、司法权、警务权、军事权，"租界"俨然成了一个个"国中之国"。

随租界同时涌入的是西式的繁华与文明。先进的道路和桥梁，漂亮的花园洋楼，便捷的电报、电话、电灯，教会医院、教会学校，都成为西方文明的代表。许多国人一下子被这种完全陌生而又颇为神奇的生活方式颠覆了想象，目不暇接地成为"西洋镜"的看客。有识之士则惊呼："睁开眼睛看世界！""师夷长技以制夷！"于是，有些孩子因为家境富裕、父母开明而有幸被送到教会学校接受西式教育，继而留学海外，学习先进的技术和思想。钱学森的父亲钱均夫就是其中一个。

钱均夫早年就接受了系统的西方文明教育，再加上家境殷实，于是，就在钱学森即将出生时，他为夫人生产选择了一家教会医院。要知道，在那样一个年代，绝大多数的中国孩子还出生在家中，经历着生死考验的母亲们在"接生婆"的帮助下生孩子往往是到"鬼门关"走了一遭。

1911 年的 12 月 11 日，钱学森在上海租界的一所教会医院里出生了。

而就在钱学森出生的 1911 年，苦难中的中国终于迎来了一场伟大的历史性革命。这一年的 10 月 10 日，一场武装革命在湖北武昌打响了第一枪。起义的胜利打开了对腐朽清王朝发动总攻击的突破口，迅速点燃了燎原的革命烈火。短短两个月内，湖南、广东等十五个省纷纷宣布脱离清政府独立。1912 年 1 月 1 日，中华民国临时政府在南京成立，孙中山被推举为临时大总统。1912 年 2 月 12 日，清朝隆裕太后在紫禁城养心殿颁布了宣统皇帝溥仪的退位诏书。至此，统治了中国 268 年的清王朝宣告灭亡，在中国延续了 2000 多年的封建君主专制制度也正式终结。1911 年是阴历辛亥年，这场轰轰烈烈的革命就是著名的"辛亥革命"。

1911 年，还是中国航空史上的重要年份。飞机第一次出现在了中国的天空。它的制造者就是中国第一位飞机设计师、飞行家冯如。就在这一年，冯如携带两架自制飞机回到中国。

1911 年，在中国这片千疮百孔的土地上，一场改变国家命运的革命、一架初试身手的简陋飞机和一个呱呱坠地的孩子之间似乎冥冥中产生了某种神奇而紧密的联系。诞生于这一年的钱学森，虽然还不能知晓外面的世界正经历着怎样翻天覆地的变化，但是，这变革着的世界必定深刻影响着钱学森未来的精彩人生。

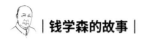

2
华丽家族

钱学森虽然出生于上海，祖籍却是在享有"人间天堂"美誉的杭州。中国人对于杭州具有极为深刻的记忆，因为那里有"浓妆淡抹总相宜"的西子湖，有许仙和白娘子动人凄婉的爱情故事，还有鲁迅笔下那"倒掉的雷峰塔"。

杭州钱氏家族是名副其实的名门望族，算得上中国的贵族。贵族似乎总有逃不脱的命运，正如清代孔尚任《桃花扇》中那段唱词："眼看他起高楼，眼看他宴宾客，眼看他楼塌了"——随着历史流转，改朝换代，便不断地兴兴衰衰，起起落落。然而，钱氏家族却与众不同，1000多年以来，代代都有钟鸣鼎食之家、博学宏识之士。

推算起来，杭州钱氏家族是五代十国吴越国开国国君钱镠（liú）的后裔。钱学森的父亲钱均夫为钱镠的第三十二世孙。如今，在西湖柳浪闻莺公园里，还保留着一座钱王祠。相传这个地方原来就是钱王钱镠的故居，后人便在此建祠纪念他。

钱镠，生于唐末的宣宗大中六年（852年）。镠，意指成色好的黄金。据说，钱镠出生时天空突现红光。因为他相貌丑陋，哭声又很怪，父亲钱宽认为不祥，就要把这个孩子丢到屋后的井里。幸亏阿婆怜惜，拼命阻止，才留下了这条小生命，以后钱镠便得了一个小名儿——"婆留"，屋后的那口水井便得名"婆留井"，至今还保留在浙江临安。

钱镠从小习武，21 岁从军，由于骁勇多谋，屡建战功。923 年，正式建立了吴越国，钱镠被册封为吴越国王，人称"钱王"。当时的吴越国下辖一郡十三州（今浙江全境和江苏、福建部分地区）。

钱镠成为吴越国国王后，实行了一套"保境安民，发展经济"的政策。他重视农桑，修筑河塘，开拓海运，发展商贸，使吴越国富甲江南。据史料记载，当时的吴越国国库里有 10 年存粮，曾 3 年不向老百姓征税，一

吴越钱王钱镠像

石（大约 60 公斤）米才卖 50 文钱。杭州的人口也由隋代的 1.5 万余户增至 10 万余户。

钱镠家族更是不断开枝散叶，子孙满堂。钱镠本人有 6 房妻室，共养育了 33 个儿子。他的儿子们多半被父亲派往江浙各州做官，如此一来，钱氏家族很快繁衍开来。据清末民初修撰的《长乐钱氏宗谱》记载，钱氏宗脉在江浙一带就有 59 支；而据钱文选于 1924 年编撰的《钱氏家乘》记载，在国内有迹可循的钱氏宗脉多达 100 多支。

钱氏家族不仅人口众多，而且人才辈出，历朝历代皆有俊杰。特别是在近代和现代，更有不少卓越人士。如钱穆，近代中国最重要的思想家之一；钱玄同，"五四"新文化运动猛将，反对文言文，力倡白话文，倡导民主和科学；钱钟书，他的两部名著《管锥编》和《围城》，在其有生之年就已成为不朽之经典；钱其琛、钱正英、钱伟长、钱三强，这些如雷贯耳的名字，更是为现代中国人所熟知。

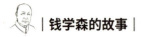

钱氏家族之所以人才辈出，并非偶然。我们可以在钱镠的家训中找寻到根源。

钱氏家训告诫子孙："爱子莫如教子，教子读书是第一义。"世世代代的钱氏后人大多对子孙的教育颇为重视，因此，其后人中思想家、教育家、科学家也甚多。如钱泽夫之子、钱学森的堂弟钱学榘，也和钱学森一样，是一位出色的空气动力学家，曾担任美国波音飞机公司高级顾问。钱学榘有两个儿子，都取得了很高的学术成就。一位是钱永佑，著名的神经生物学家；另一位是钱永健，著名的化学家，诺贝尔化学奖得主，这二位均为美国科学院院士。据相关机构统计，当代国内外仅科学院院士以上的钱氏名人就有100多位，散居于世界50多个国家。仅无锡钱家一支，就先后出了10位中国科学院学部委员、中国科学院院士和中国工程院院士。

钱氏家训还始终将个人的才学与国家之命运联系在一起。"进贤使能则国强，兴学育才则国盛""利在一身勿谋也，利在天下必谋之。"这代代相传的信念应该就是钱氏家族忠于国家、服务国家的核心驱动力吧！钱学森便堪称践行的典范。

2008年6月，一场以"吴越钱王与长三角繁荣"为主题的报告会在浙江临安举行。钱学森专门发去贺电："我们的先祖，他的政绩只是'致富一隅'，而我们后人的事业，是使整个中国繁荣富强。老祖宗地下有知，是会高兴的。"

3

父亲

父亲是钱学森人生中重要的启蒙者，首先向他开启了人生与智慧之窗。钱学森后来常说："父亲是我的第一个老师。他为我打开了一个艺术、音乐和文学的新世界。"事实上，钱学森的父亲不仅是他的"人生第一个老师"，也是一位名副其实的著名的教育家。

钱氏家族依照"继承家学，永守箴规"八字论辈取名。钱学森的祖父钱承镃（zī）有两个儿子，为"家"字辈——长子钱家润，字泽夫；次子钱家治，字均夫。两人都是以字行世，所以，钱泽夫和钱均夫这两个名字更为大家所熟知。钱学森的父亲就是钱均夫。

钱均夫生于 1882 年 12 月，出身杭州丝绸世家，从小聪明伶俐，读书刻苦，还考中了清末的秀才。在 1899 年 17 岁时，进入了杭州求是书院学习。这座有名的书院就是今天浙江大学的前身。在当时，求是书院算得上一座新式学堂，由一座寺院改建而成，它的建立还有一个小小故事——

在清朝光绪二十三年（1897 年），杭州普慈寺因僧人违法被官府查办，没收了寺产。当时负责查办此案的为杭州知府林启。林启是一位崇尚维新思想的饱学之士，通晓英文、日语，研习经济科学，以兴学强国为追求。1898 年，主张向西方学习、变法自强的"百日维新"虽然失败了，但是维新的思想得到了广泛的传播。在这样的背景之下，林启便与当时杭州的一些开明士绅商议，计划将没收的普慈寺改建成一所新式学堂，这就是求是书院。

在求是书院的学习使钱均夫开始走上了兴教救国的道路。当时的书院监院（相当于现在学校的教务长）是陈仲恕，他的弟弟陈叔通也在此执教。陈叔通生于 1876 年，是清末的翰林，很有学问。他年长钱均夫 6 岁，在钱均夫就读期间，师生二人意气相投，感情甚笃。若干年后，钱学森回国受阻，就是辗转求助了陈叔通这位太老师才最终得以成行。在求是书院，钱均夫还结识了挚友蒋百里。他们不仅成就了跨越一生的友谊，还将这份深厚的情谊传承给了下一代——1947 年学成归国的钱学森如愿做了蒋百里的女婿，与他的三女儿蒋英结为夫妻。想来，追根溯源，还是这座书院让他们结下了日后的不解之缘。

钱均夫在求是书院完成了三年的学业后，与同窗许寿裳等人一同东渡日本留学。在东京弘文学院学习了一年日语后，又于 1904 年进入东京高等师范学校学习。在日本留学期间，经许寿裳引荐，钱均夫结识了大名鼎鼎的鲁迅先生。他们还常常相约同去倾听著名国学大师章太炎讲学。1905 年，孙中山先生就是在日本创办了《民报》，以此宣传民族、民权、民生的"三民主义"基本宗旨。日本的留学生活对钱均夫的影响是极为深刻的，尤其是令他坚定了反对帝制、崇尚民主的思想。

1908 年，钱均夫、许寿裳、鲁迅三人先后回国，又同在浙江两级师范学堂任教。辛亥革命胜利后，应教育总长蔡元培的邀请，又同往民国教育部任职。直至 1929 年，钱均夫才离开北京回到杭州，在浙江省教育厅任督学。

值得一提的是，鲁迅在他 1910 年写给许寿裳的信中，曾提到过一场轰轰烈烈的"木瓜之役"，就发生在钱均夫于浙江两级师范学堂任教期间。

这所师范学堂的监督（相当于如今的校长）原是沈钧儒，曾为清末的进士，后来也赴日本留学，思想倾向革命。在这位监督的领导下，学堂内民主氛围十分浓厚。但是，1909 年 6 月沈钧儒因担任浙江省谘议局副议长而辞去了监督的职务，到了 10 月浙江巡抚改派当时担任浙江教育总会会长的夏震武兼任学堂监督。

这位夏监督是一位思想保守、尊孔读经、鄙视科学、极端顽固的人物，其观念与钱均夫、鲁迅、许寿裳等具有民主思想的教员们格格不入，双方产生了尖锐的思想冲突。刚到两级师范学堂，夏震武就迫不及待地要恢复陈腐的封建旧文化、旧礼教和封建奴化的教育秩序。对待教员，他用当时官场下属见上司的"庭参"礼节，要求他们穿着礼服到礼堂和他见面，在就职时要行"祭孔礼"，并通知教务长许寿裳在礼堂设立孔子牌位。许寿裳当即予以拒绝，并将这一情况告知全体教员。教员们对夏震武这种倒行逆施的行为极为不满，坚决拒绝实行"庭参"礼节。特别是每当看见鲁迅穿西装、留西发站在对面，这位夏监督就更加气急败坏，辱骂之声不绝于耳。鲁迅毫不示弱，与他针锋相对。他在封建顽固派面前的这种大无畏战斗精神，给了教员们极大的鼓舞。大家群情激昂，团结一致与夏震武斗争，并在忍无可忍的情况下，宣布停课。鲁迅和许寿裳等 25 名教员向浙江提学使提出集体辞职，并愤然搬出了校舍。

这时，夏震武一面写信给浙江巡抚增韫，请求支持他"谁反抗就辞了谁"的强硬手段，一面又指使在校同乡师生为他奔走，劝诱教员们回校复课，但一切似乎都无济于事。最后，夏震武只得采取提前放假的办法遣散学生，企图借此使教员们屈服，可没想到一石激起千层浪，引发了更大范围的反对之声——杭州各所学校的教员都纷纷提出抗议，风潮有了逐渐扩

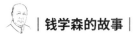

大之势。这次风潮持续了两个星期，巡抚增韫眼看教员们心齐力坚，复课无望，只得让夏震武辞职。许寿裳曾在回忆录中这样描述：

新监督迟迟未到，我便决然向旧监督辞职，不料鲁迅、钱均夫、朱希祖等教员也陆续提出辞职。我们愤然搬出了校舍，表示决绝。学生们也奋起响应，举行罢课。夏震武最终无奈离职。

这次反对夏震武的斗争有一个别致的称呼，叫作"木瓜之役"。缘由是因为夏震武平日保守教条，木头木脑，顽固不化，鲁迅就干脆送了他一个绰号"木瓜"，极尽讽刺之意。于是，这场斗争便成了著名的"木瓜之役"。它发生在辛亥革命前夕，矛头直指清政府，对我国教育界的民主运动有着相当大的影响，实际上是一次新旧文化教育思想的斗争，俨然是两级师范学堂里的一场"辛亥革命"。它的胜利使辛亥革命在浙江光复的进程大大加快，为"五四"时期的浙江第一师范学校成为新文化运动基地打下了初步的基础。

"木瓜之役"后（1909年冬）钱均夫（后排左二）与浙江两级师范学堂的教员合影

　　钱均夫在外是一位敢于斗争的民主斗士，在家是一位尽职尽责的父亲。

　　钱学森出生后仍然依照论辈取名，属"学"字辈，并沿用了同辈堂兄弟"木"字旁选取名字用字。钱均夫最初曾用双木"林"字，后来索性又加了一个"木"，用了"森"字，比"林"更具荫郁、葱茏、繁茂之意。"学森"谐音"学深"，也体现了钱均夫对儿子未来"学问深远"的殷切希望。

　　身为教育家的钱均夫对儿子的教育甚为用心。他并没有把小学森送入私塾接受传统的儒家教育，而是送到蒙养院中学习。蒙养院相当于如今的幼儿园，在当时作为中国向西方学习引进的先进教育模式，还是一个新生事物，整个北京城独此一家。所谓"蒙养"是取"蒙以养正"之意，意思是说从小就要对孩子加强教育，让孩子的成长有一个正规良好的开端，打好一生的基础。

幼年的钱学森与父亲钱均夫

　　博学多才、谦恭自守的钱均夫努力营造宁静的家庭文化氛围，言传身教和可贵的求实精神，对幼年钱学森的成长都起到良好的作用。

　　钱均夫十分重视培养钱学森对读书的兴趣。他的书房藏书颇丰，也允许钱学森在其中任意翻阅浏览。他还亲自为儿子挑选画报、小人书。钱学森五岁时就看了《水浒传》，虽然以他幼小的年纪还不能完全明白故事的真正含义，但已经对书中的梁山好汉颇为神往。他好奇地问父亲："这书里的英雄好汉真的是天上的星星下凡吗？"父亲连忙笑着解释说："那只是传

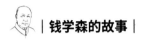

说吧，不过，只要你好好学习、好好读书，以后就能够成为真正的英雄好汉！"就这样，在父亲的引领下，年幼的钱学森仿佛进入了书本中展现的一个个丰富而又美妙的世界。即使到了钱学森远渡重洋、赴美求学时，父亲也依然是将一大箱中华文化丛书作为临别礼物。这些书成了钱学森独在异乡求学时重要的精神食粮。读书成为钱学森一生中最大的爱好。日后他的夫人蒋英回忆，即使是在新婚宴尔的时候，钱学森也依然习惯于在晚饭后泡上一杯茶，与夫人道一声"晚安，回见"，便钻进书房看书去了。

钱均夫还特别注重培养钱学森对大自然的热爱。每年春秋季节，父亲总是要带着小学森登香山，爬西山，赏美景，学知识。那时的闲暇时间，父子俩最常做的就是郊游和野餐。在与大自然的亲密接触中，小学森充分地感受着快乐，也接受着大自然"润物细无声"的熏陶与感染。

一次，父子俩躺在草地上仰望着云淡风轻的蓝天，一只苍鹰闯入视野。小学森入神地盯着，视线随着这只苍鹰忽高忽低、时远时近，直到消失在天际。父亲循着儿子的视线望去，揣摩着小学森的心思，不失时机地给儿子讲起了庄子《逍遥游》里的故事："传说啊，北海里有条大鱼，名字叫鲲。鲲的躯体，不知有几千里长。后来，它变成了一只大鸟，名字叫鹏。鹏的背，也不知有几千里那么长。大鹏鸟奋力一飞，那张开的翅膀就像天空中积聚起遮天蔽日的云。当海风吹起的时候，大鹏就飞往南海。它鼓动双翅，激起的水花延绵了三千多里，而后又乘着旋风直飞上九万里的高空。"

小学森听得津津有味，不断追问："那后来呢，后来呢？"

父亲接着讲道："看着大鹏鸟飞走了，地上的蝉、斑鸠和麻雀禁不住议论起来。它们讥笑大鹏鸟为何要费力飞那么高那么远，还不如自己，平时就在池塘边、树丛里飞来飞去，既没有危险，也不会挨饿，多么安逸和快活！"

"那它们也太没有出息了！我可不做麻雀、斑鸠，要做就做大鹏鸟，一飞飞上九万里云天！"

在父亲的引导下，小学森自小便立下了鲲鹏之志。

钱学森以后回忆说：

我的父亲钱均夫很懂得现代教育，他一方面让我学理工，走技术强国的路；另一方面又送我去学音乐、绘画等艺术课。因此，我从小不仅对科学感兴趣，也对艺术感兴趣，这些艺术上的修养不仅加深了我对艺术作品中那些诗情画意和人生哲理的深刻理解，也让我学会了艺术上大跨度的宏观形象思维。我认为这些东西对启迪一个人在科学上的创新是很重要的。

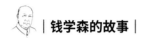

4
母亲

钱学森的母亲名叫章兰娟，生于 1888 年，出身豪门，从小接受了正规教育，是一个典型的大家闺秀。关于章兰娟与钱均夫的这段姻缘，还要从杭州钱、章两大家族说起。

钱家曾是杭州赫赫有名的丝行大亨，世代经营丝绸生意，鼎盛时候的"钱士美丝行"店面就延伸了"三根电线杆"——按照两根电线杆之间的距离大约为 50 米计算，就有 100 米长，规模可想而知。据钱学森的堂侄钱永龄回忆："钱士美丝行在杭州很有影响，每到夏初春丝上市前，要我家丝行定了价，全省方可开市。"可是，到了钱均夫这一辈，钱家已经家道中落。

章家与钱家同为丝业大家，并且一直家业兴盛，富甲一方。钱学森的外祖父章珍子曾经担任两广盐运使，后来回到杭州经商，主要经营丝业、酱园等产业，财力十分雄厚，其名下仅杭州最好地段的房产就有多处。钱学森一家在杭州的私宅方谷园 2 号就是当时母亲章兰娟结婚时的嫁妆。如今的方谷园 2 号已被修葺一新，钱学森故居也已成为钱学森展览馆，饱览西湖美景的游客也有机会在此领略杭州深厚的文化底蕴。章家尽管十分富有，却不甚看重钱财。章珍子相中的是女婿钱均夫的才华和人品。原来钱均夫从日本学成归国后，曾在杭州私立安定中学的礼堂里发表过演讲，宣传"新文化运动"。在众多的听众中，就有章兰娟的父亲章珍子。老先生被钱均夫的一表人才和渊博学识所吸引，决定把自己的掌上明珠长女章兰娟嫁给钱均夫，并且准备了十分丰厚的"嫁妆"。

章兰娟堪称中国传统女性温良谦恭的典范，生育钱学森后便一心一意相夫教子。在钱学森年幼的时候，由于钱均夫忙于公职，钱夫人便在孩子的教育上倾注了大量的心血。

她十分注重对钱学森的传统文化熏陶，把自己对中国文化尤其是古典诗词的挚爱润物无声地传达给孩子。钱学森从小就在母亲的陪伴下背诵了许多唐诗宋词。虽然一开始并不能完全弄懂诗词中的幽远意境，但就在日积月累、潜移默化的诵读中，钱学森慢慢形成了一种独特的文儒清雅的气质和风范，对文学艺术也表现得情有独钟。

童年钱学森与母亲

母亲很懂得寓教于乐。她本人天资聪颖，颇有几分数学天赋，尤其擅长心算。于是，她常常跟钱学森做心算游戏。这些游戏不仅给小学森带来了许多童年的快乐，还从小培养了钱学森对数学的爱好。

母亲不仅上得厅堂，还下得厨房。她非常能干聪明，做得一手好菜，特别擅长制作各种杭州的美食小点。在她的熏陶之下，钱学森也将母亲的这个天赋很好地继承下来，长大以后的他不仅很懂美食，而且也十分喜欢下厨烧菜。只是在他的一生中，要么在外漂泊求学，要么沉浸在学术世界，要么为国家奔波辛劳，几乎没有时间和机会去享受生活，发挥天赋。

钱学森在回忆母亲时，动情地说：

　　我的母亲是个感情丰富、淳朴而善良的女性，而且是个通过自己的模范行为引导孩子行善事的母亲。母亲每逢带我走在北京大街上，总是对乞讨的行人解囊相助，对家中的仆人也总是仁厚相待。

　　母亲之情感丰富从她多年对荷花的爱好上可见一斑。在杭州时，她就常去西湖赏荷，迁居北京后，便在自家的大水缸里养鱼种莲。母亲还用一双巧手将荷花一针一线绣在钱学森使用的手帕上。钱学森后来一路异地求学、留洋，这方手帕一直贴身存放。养花识情趣。这对荷花出淤泥而不染的清雅高洁之美的偏爱，这一方手绣手帕上所寄托的情谊和希望，总是令钱学森回味无穷。

　　在钱学森的印象中，母亲是极少说教的，她总是以自己宽厚仁慈、乐善好施的一言一行，默默影响和教育着儿子和身边的每一个人。

　　钱家那扇黑漆大门，常常被求借的邻居敲开，母亲总是温和又热情地接待这些穷朋友，家中有的，尽管借去，借去的钱粮，确实无力偿还的，便决不再提起。印象刻深的是，有一年冬天，北京的街头天寒地冻，北风卷着鹅毛大雪呼啸不止。钱学森正在母亲的陪伴下凑在灯前专心读书。忽然听见门外响起比寒风还要凄厉的悲号："大慈大悲的老爷太太，可怜可怜我这受苦受罪的人吧！行行好，赏口饭吃吧！"母亲听见了，连忙停了手上的针线活，吩咐佣人找出家中最大的瓷碗，并亲自到厨房，盛满了饭菜，顶着风雪向大门口走去。这样的情形，小学森已经见过不止一两次了。为乞讨的人准备饭菜，为冻僵的人准备姜汤，一次次的善举正是最震撼心灵的力量。

　　钱学森曾经有一位"干妹妹"名叫"钱月华"。她是一位贫苦农民的女儿，原本与钱家毫无关系。在 11 岁的时候，由于家境太过贫困，父母将她送到钱家帮佣。由于为人老实，干活勤恳，被钱氏夫妇认作了干女儿，并取名为"月华"。钱夫人就像对待亲女儿一样，悉心培养她，手把手地教她打理家务。很快，月华小小年纪就能做出一手好菜，并将钱家里里外外收拾得干干净净。

就这样，钱学森深深得益于母亲的身教，并且日后也像自己的母亲一样，又将这样的家教传统身体力行地继续传承下去。有一次，炊事员对钱老的儿子钱永刚说："你看你父亲每次下来吃饭，都一叫就到，而且总是穿得整整齐齐，从来不穿拖鞋、背心。这是他看得起咱，尊重咱！"这让钱永刚很是震惊。从此，他就很注意用父母的一举一动、一言一行，来对照和检讨自己的日常行为。他曾经感慨地说："父亲秉承了奶奶和爷爷的身教传统，他从来不言教，只谈身教。"

5

青梅竹马

钱均夫夫妇一生只生育了钱学森一个儿子，而钱学森却有四位姐妹。原来，十分喜欢孩子的钱氏夫妇先后认过四个"干女儿"。最大的干女儿名叫钱学仁，是钱均夫兄长钱泽夫的女儿，比钱学森年长一岁，是姐姐；第二个干女儿叫钱惠英，是钱均夫堂弟钱家澄的女儿，也就是钱学森的堂妹，比钱学森小5岁；第四个女儿是钱均夫夫妇收养的贫苦农民的女儿，取名钱月华。那么，第三个干女儿是谁呢？她就是蒋英——未来与钱学森相伴走过62年人生的妻子。这其中的渊源还要从蒋英的父亲蒋百里以及他与钱均夫的深厚情谊说起。

钱学森的岳父、著名军事理论家蒋百里

蒋英的父亲名叫蒋方震，字百里，后来多以字传世，人称蒋百里。蒋百里是浙江海宁人，同样出身于当地望族。他与钱均夫在求是书院学习时结识，又先后前往日本留学，一个学教育，一个学军事，一直是莫逆之交。蒋百里在日本陆军士官学校学习时，还特别拜托钱均夫照顾家中病弱的母亲。钱均夫不负好友重托，待蒋母像亲生母亲一样，经常去蒋家看望照顾，代蒋百里尽儿子的孝道。

蒋百里是中国近代著名的军事理论家，也

是一位富有传奇色彩的人物。1905 年，他以第一名的成绩完成了在日本陆军士官学校的学业，又前往德国见习一年。归国后，年仅 30 岁的他就被任命为保定军官学校校长，授少将军衔。当时的保定陆军军官学校和天津北洋武备学堂是中国仅有的两所军官学校。蒋百里雄心勃勃，要把军官学校办成一流军校，但是却无奈于办学经费严重不足。他一再提出经费申请，都石沉大海，没有着落。一怒之下，蒋百里向大总统袁世凯提出辞职，却被拒绝。性格刚烈的蒋百里在一天清晨的师生集会上，当着全校两千多师生的面，悲愤地拔出手枪，对准自己胸部开枪自尽，以示抗议。众人震惊之余，连忙将他送往医院救治。袁世凯火速请求日本公使馆派出水平最高的医生和护士前往保定。还好子弹并未伤及要害，蒋百里侥幸脱险。性命虽在，却心病难除，蒋百里依然郁闷不堪，偷偷地在枕头下藏了许多安眠药。细心的护士长佐藤屋子发现后，诚恳地劝慰开导，对他生活上的照顾更是无微不至。时间一久，两人渐渐产生了爱慕之情。1914 年，蒋百里和这位佐藤屋子小姐结为伴侣。因蒋百里十分喜爱梅花，便为佐藤屋子取了一个美丽的中国名字——左梅。后来，蒋百里作为中国的抗日将领，因为娶了一位日本妻子，在抗战期间备受奚落。但这也足见这位将军的独特个性和特立独行之风格。婚后，左梅便再也不说日语，也不教孩子们说日语。

蒋百里与左梅共生育了五个女儿，人称"五朵金花"。这令钱均夫夫妇羡慕不已。1923 年的一天，钱均夫的家里迎来了他的好友蒋百里一家。两家聚会，热闹异常。钱均夫夫妻俩常常望着嬉笑追逐的女孩子们出神。一次午饭后，蒋百里慷慨激昂地发表着自己对时局的看法，却半天得不到老朋友的回应，仔细一看，原来钱均夫正盯着院子里捉迷藏的孩子们

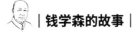

微笑，全然没听见自己讲的话。过了好一会儿，钱均夫才醒过神来。钱夫人不失时机地对蒋妈妈请求说："你有五个女儿，太多了，给我们一个好不好？"蒋家的妈妈很大方，蒋百里也为人豪爽，他们立刻表示："好吧，你们挑吧，五个里面随你们挑！"钱夫人连忙说："我们就要老三！"

蒋英与父母、姐妹早年的珍贵合影

幼年时的蒋英

这个"老三"就是蒋英。此时的蒋英刚刚 5 岁，留着短发，圆圆的脸蛋、圆圆的眼睛，充满稚气的表情中透着一股灵气。她从小就能歌善舞，活泼可爱，深得钱均夫夫妇的喜爱。为将蒋英正式过继到钱家，钱均夫还亲自操办了酒席，并给蒋英取了一个新的名字——"钱学英"。从此，蒋英与钱学森便以兄妹相称。

可是，才待了几个月，小蒋英就闹着要回家了，理由是 12 岁的哥哥钱学森不跟她玩儿。在蒋英的记忆中，这位哥哥性格沉静，话不多，年龄比自己大了不少。他有很多新奇有趣的小玩意儿，还颇有文艺才能，会吹口琴。但是他却总站在一边看着妹妹玩儿，而不会陪小妹妹一起玩。年龄和性格的差异，让小蒋英内心里对这位哥哥既有些崇拜，又觉得难以亲近。她开始思念起自己的父母和姐妹们，吵着想要回家去。几个月的短暂相处后，蒋英和钱学森便各自天涯。

李白《长干行》中云："郎骑竹马来，绕床弄青梅。同居长干里，两小无嫌猜。"儿时的相处虽然短暂，但一切冥冥中造就着二人奇妙而又美好的姻缘。以后回想起来，小的时候钱学森和蒋英曾在两家的聚会上一起为大人们合唱过一首《燕双飞》的歌曲，这也似乎预兆了他们以后相伴的人生，一起经历苦难，一起经历光荣，一起在温馨中慢慢老去。

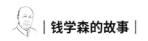

6
老北京的记忆

　　1914 年，3 岁的钱学森跟随调往教育部工作的父亲来到了北京。在钱学森的记忆中，自己在北京城的家位于一条很深很深的胡同里，两侧都是青灰色的砖墙。胡同深处有两扇漆黑的大门，镶着硕大的门环。推开门，眼前便豁然开朗，里面是一座敞亮的四合院。在院子中间摆放着一个大鱼缸，母亲在里面养鱼种莲，成为这个小院中一道生机盎然的美丽风景。循着钱学森记忆的痕迹，似乎很容易让我们的眼前浮现出电影《城南旧事》中的那座古老的北京城，那条长长而幽静的胡同和那个充满温馨的四合小院。钱学森一生很少有闲暇进影院看电影，但是，1982 年，当这部根据著名女作家林海音同名小说改编的电影《城南旧事》上映的时候，71 岁高龄的钱学森专程前去观看。看后，身边的人见到了这位老人少有的激动——他久久没有说话，双眸湿润，影片勾起了他对童年往事、对老北京城深深的记忆……北京，那是留下钱学森十五年成长足迹的地方。

　　就是在老北京的这个院子里，小学森跟着母亲吟诗歌、做游戏，成了邻居眼中的"小神童"。不久，小学森被父亲送进北京唯一一所"蒙养院"接受先进的启蒙教育。他每天上学、放学，都和女佣一同乘坐父亲包下的一辆"洋包车"，穿梭在宣武门内外的大街上。在他眼中，老北京城那高高的城楼、城墙是那么巍峨，街市是那么繁华和热闹。他在车上左顾右盼，有时好奇地趴在车上一直向后面望出去，有时又顽皮地朝着路人扮个鬼脸。到了假日，小学森就在父亲的陪伴下，游故宫、逛颐和园，还有中山公园、明陵、香山……把老北京的名胜古迹都一一游览了个遍。

童年钱学森

转眼到了6岁，钱学森进入小学。

钱学森起先就读的是国立北京女子高等师范附属小学，后又转入国立北京高等师范学校附属小学。这两所小学就是今天赫赫有名的北京实验二小和北师大附小。国立北京高师附小是当时教育部一所具有研究和实验性质的小学。它创立于1912年，首任校长就由当时的国立北京高师的校长陈宝泉直接兼任。由大学校长来兼任小学校长，足可见当时对创办这所学校的重视。陈校长一直致力于吸收世界上最新的教育理念进行实验，使学校成为全国小学改进教育教学的模范和先导。

美籍华人作家张纯如在她为钱学森撰写的传记《蚕丝》中，描述了钱学森在小学读书时的情景：

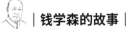

每天上午的主要功课是练习书法，动笔前，先净手，把纸张仔细地在桌子上铺好，墨要磨得浓而黑，然后用马毫笔蘸墨汁描红格。下午上自然课程，他们可以用花瓣、树叶、图画来代表还不会写的词汇，课程内容包括地球科学、地理、音乐、美术等。

每天下午放学前，会安排学生们轮流值日做大扫除，翻椅挪桌，水擦地板，培养他们从小讲卫生爱清洁的好习惯。学校里还设有一间专供男生使用的劳作教室，里面备有工作台和各种齐全的工具。在这里，男孩子们亲自动手，学习用竹子制作筷子、餐刀、汤匙等餐具。而女孩子则在另一间劳作教室中学习烹饪、缝纫，亲手做出好吃的"沙琪玛"和糖葫芦，请男生们品尝。这样的学校生活不仅让小学森充实快乐，而且获益匪浅，他非凡的天赋得到了进一步的发掘和培养。

钱学森虽然是班上年龄最小的孩子，却是发展全面、成绩优异的学生。他不贪玩，大多数时间喜欢安静地看书，通过大量的阅读开拓视野。

小学阶段的钱学森

在张纯如的传记中，还讲到了钱学森儿时喜欢玩的游戏——比赛折纸飞机。这个小故事至今还被人们津津乐道。那时班上的学生们都喜欢玩这个游戏，而钱学森折的纸飞机总是其中飞得最稳最远的。同学们钦佩不已，围着他问奥妙究竟在哪里，钱学森不紧不慢地说出其中的窍门：每次都要特别仔细，而且一定要折得对称、平顺、均匀，掷出去时才能飞得又稳又远。虽然，我们不能因此就夸张地说钱学森在小学时就显露出出色的空气动力学才能，但是他做事情严谨踏实，善于琢磨，富有非凡的想象力和创造力，却是一个不可否认的事实，这种素质是他日后成为伟大科学家不可或缺的要素。此时的纸飞机飞向远方，或许就承载着他一个幼小的梦想——这个关于飞行的梦想在他的心中萌发，并悄然扎下根去。

对钱学森影响深刻的还有一位老师就是班主任兼书法老师于士俭。当时的书法课，学生们可以按照自己的喜好选择颜真卿、柳公权、赵孟頫、欧阳修等书法大家的字帖临摹描写。于老师就在学生中间来回巡视，发现哪个学生写得不太好，就在他身边慢慢坐下来，照着字帖一笔一画临写一个字，边写边讲解书写的要领。令人叫绝的是，学生临写的是什么字帖，于老师就可以写出什么字体，其书法功底之深厚，让学生们深深折服，不由得喜爱上书法这门艺术。

值得一提的是，在钱学森就读的小学中还有一位名人，那就是邓颖超。因为钱学森就读的师大附小是尝试现代办学理念的新型学校，能够进入这所学校的学生和老师都是经过严格选拔的。有许多优秀的青年教师亲身经历了五四运动，并把活跃的思想带进校园。邓颖超就是其中的一位。她在就读天津南开学校时参加了五四运动。后来她与周恩来结为终身伴侣，是中国最著名的女革命家之一。虽然邓颖超没有直接教授钱学森课程，但在多年后谈到同在一校的经历时，钱学森

青年邓颖超

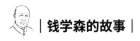

还是备感亲切，恭敬地向邓颖超行学生之礼，并尊称一声"邓老师"。钱学森晚年在一封写给友人的信中充满深情地写到：

"我曾经就读的师大附小，我的老师有级主任于士俭先生和在校但未教我们班的邓颖超同志。我想念他们！"

可以说，钱学森尽管出生在令中国人民倍感屈辱的年代，但是因为家境优越，父母疼爱，家庭和学校的教育理念先进，老师教导有方，小学森度过的算得上是一个幸运而又幸福的童年。老北京在他小小的纯真的心灵中留下的大多是珍贵而美好的记忆。

第二章
少年励志

钱学森带着强烈的求知欲望、浓厚的学习兴趣在师大附中这片充满生机的知识海洋中遨游，为自己未来的科学研究事业和精彩人生奠定了坚实的人生基石。

1

人生基石

1923 年暑假之后，12 岁的钱学森从国立北京高等师范学校附属小学升入了国立北京师范大学附属中学，开始了六年的中学生活。

师大附中是北京乃至全国响当当的名牌中学，历史悠久，名师云集，人才辈出。那时的钱学森恐怕没有想到，日后自己也会成为母校的骄傲——现如今北京师大附中校园中钱学森读过书的那幢二层小木楼被辟为"钱学森纪念馆"，馆前矗立着一座中学时代的钱学森全身铜像：他正值青春年少，意气风发，微风吹起他额前的黑发、胸前的围巾和长衫的衣角，他手持一叠书本，眼神中既有些许忧郁，又十分坚定地望向远方。铜像的底座上刻着"附中人钱学森"。

钱学森更无法忘怀自己的母校——这并不是因为母校给予了自己如此之高的荣誉，而是因为他始终认为在母校度过的六年时光为自己奠定了坚实的人生基石。钱学森曾经不止一次地提到母校对他的影响：

中学时代的钱学森

现今立于北师大附中校园内的钱学森雕像

在我人生的道路上，有两个高潮：一个是在师大附中，一个是在美国读研究生的时候。六年的师大附中学习生活对我的教育很深，对我的一生，对我的知识和人生观起了很大的作用。

晚年的钱学森回顾自己的一生，认为曾在各方面给予自己深刻影响的人共有17位。而这17位重要人物中除了自己的父母和新中国的5位领袖之外，其余12位都是他在漫长求学生涯中的恩师，而其中师大附中的老师就占了7位之多！

1923年到1929年，中国风云变幻，北京更是动荡不安，但钱学森却幸运地拥有师大附中"特别优良的学习环境"，遇到了一批学识丰厚、认真负责、心系祖国的优秀教师，接受了当时中国最进步、最开明、最优秀的教育。教师们先进的教学理念、灵活的教学方法和独特的人格魅力，都如阳光雨露一般，为他的健康成长创造了良好和必要的条件。

校长林砺儒力主教育改革，尤其反对一味灌输和死记硬背。在他的带领下，师大附中云集了一大批师德高尚、学识渊博、理念先进、治学严谨的优秀教师，教学上起点高，方法活，要求严，强调培养学生的高能力，尤其注重给学生减负。当时，林校长并不是钱学森的任课教师，而父亲钱均夫特别希望钱学森能得到他的亲自指导，于是当面向校长直接提出了请求。这位林校长没有碍于情面一口答应，而是安排了一场"入学考试"——当面给钱学森出了几道题，想看看这位学生的潜质究竟如何。当场命题出卷后，两位大人继续聊天。不一会儿，林校长忽然发现钱学森已经悄悄离开屋子跑到院子里玩儿去了。他连忙好奇地拿起桌上的试卷端详起来，只见整洁的试卷上字迹工整，每道题都解答得思路清晰，十分令人满意。林校长看罢，立刻决定收下这个学生，专门教授他伦理学。

就是在这位林校长的带动和影响下，整个师大附中的师生对待考试的态度十分与众不同——老师从不搞应试辅导，学生们临考也从不开夜车，临时抱佛脚，因为大家都从心底里觉得：如果明天要考试，今天才备考，那是没出息的表现！不做准备参加考试，考出的才是真本事、真水平！

教几何课的老师名叫傅仲孙。钱学森一直铭记着他的一句"名言"："公式公理、定义定理，是根据科学、根据逻辑推断出来的，在课堂如此，到外面如此，中国如此，全世界如此，就是到火星上也是如此！"此话一出，学生们一下子被逗得哈哈大笑，但是细细品味起来，这种诙谐又有些夸张的表达不仅让每个学生记忆深刻，也让大家弄明白了什么叫作"放之四海而皆准"的科学真理。

教矿物学的李士博老师巧妙地把矿物的硬度按级别编成了合辙押韵的顺口溜："滑膏方，莹磷长，石英黄玉刚金刚"。这样一来，钱学森很轻松就记住了这从低到高十级硬度的矿石：滑石、石膏、方解石，萤石、磷石、长石、石英、黄玉、刚石、金刚石。甚至到了晚年，钱老还是能够不假思索地脱口而出。

教生物的俞君适老师常常将学生们带到野外观察自然、采集制作动植物标本。有一次，俞老师把钱学森叫到办公室，说："给你布置个带有挑战性的任务——把这条蛇做成标本吧！"说着真的把一条蛇递到了钱学森面前。看着钱学森面露为难之色，笑着说道："哈哈，把它制作成标本不是挺好嘛！做这事儿啊，一是要胆量，二还要看技术哦！"俞老师的这一招"激将法"果然灵验，一下子就把钱学森那股子不服输的劲儿激发了出来。他自信满满地看着俞老师，只说了一个字："行！"多年以后，钱学森对这件事依然印象十分深刻："这是我第一次制作标本，遇到不少困难，可是这件事儿锻炼了我的实践能力，让我永远铭记！"

教化学的王鹤清老师，课后还对学生们开放化学实验室，谁有兴趣随时都可以做化学实验，并接受老师的指导。

钱学森兴趣广泛，除了主修的理科，还痴迷于许多人文学科。当时的北师大附中开设了多门人文类选修课：音乐、绘画、文学、诗歌等等。学生们拥有很大的自主权，想修什么课程都可以自由选择，个人兴趣大多得到了满足，知识面也得到了很大的拓展。

钱学森在高一时就因为对文学感兴趣而喜欢上了写作，尤其是用文言文写文章小品。由于文学才能突出，在中学毕业时，国文老师竭力劝说他大学学习文科。

钱学森自小就爱好音乐。上了中学后，音乐老师常用一部手摇机械唱机给大家播放唱片，教大家演唱许多中外名曲，欣赏各种类型的乐曲，还为大家娓娓讲述音乐背后的故事。这使得钱学森越发觉得音乐的世界如此宽广而美丽。他最爱听的是贝多芬的《第九交响曲》，不仅因为音乐本身的巨大魅力，更因为这乐曲中贝多芬憧憬世界大同的声响，一直在他心中激荡。

钱学森良好的英语基础也是在中学阶段打下的，到了高中二年级，学有余力的他又继续选修了德语。二战以后，钱学森曾经跟随恩师冯·卡门前往德国参与"回形针计划"，在说服和争取德国科学家的工作中，当年学习的德语还派上了用场。

绘画也是钱学森十分喜爱的。他曾经回忆说：

我们的美术老师高希舜（后来成为著名的国画大师），暑假里开办暑期绘画训练班，教画西洋画，父亲很支持我去，我买不起油彩就用水彩学画，也学画中国画，后来我画得还不错。

在名师的指点下，钱学森的画进步神速，连为人谦逊的父亲都赞不绝口，不仅将他的画精心装裱起来挂在家中，还作为礼物赠送亲朋挚友。若干年后，当钱学森的堂弟钱学文在香港的一位朋友家中看到了主人精心收藏的一幅钱学森的画作，有意高价买下，可是这位朋友态度坚决："钱学森的画是无价之宝，决不出售！"

就这样，钱学森带着强烈的求知欲望、浓厚的学习兴趣在师大附中这片充满生机的知识海洋中遨游，为自己未来的科学研究事业和精彩人生奠定了坚实的人生基石。正如钱学森所言：

几十年前在师大附中所受的教育，我们这些人是终生感谢的，现在还在影响着我们。

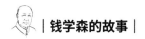
2
思想启蒙

钱学森个人的成长是幸运的，更是高品质的，因为他接受的是堪称当时中国最好的教育。然而，我们每个人的命运都不是孤立的轨迹，始终与祖国的命运息息相关。校园是平静的，而当时的校园之外却是一个遭受帝国主义蹂躏、战乱不断、民生凋敝的千疮百孔的国家。

1981 年，北京师大附中迎来建校 80 周年，70 岁的钱学森回到了母校。他回忆道：

那个时候，这儿是城的边缘，很荒凉。再往南去的陶然亭是一片荒野。北京城里就怕刮风，俗话说，"无风三尺土，下雨一斤泥"。胡同里常有做小买卖的叫卖声，听起来很凄凉。我们在附中上学，都感到一个问题压在心上，就是民族、国家的存亡问题。不要说老师了，就是所有的学生，也都在心里头存着这个问题。就在这样的气氛下，我们努力学习，为了振兴中华。

师大附中决不提倡学生"一心只读圣贤书，两耳不闻窗外事"。教授国文的班主任董鲁安老师常常在课堂上评述时事，引导青年学生们把眼光投向社会，关注时局。1926 年 7 月，由共产党员、国民党员、革命军人组成的北伐军，高唱"打倒列强，打倒军阀"，从广东一路向着北方开进。这场暴风骤雨般的革命，是中国人民对帝国主义和封建军阀统治长期以来郁积的愤怒与仇恨的集中爆发。

董老师的课堂不仅仅传授语文知识，给学生们讲"妙哉，妙哉"的文章，还常把国文课堂变成学生们了解时局的窗口。在他的课上，学生们知道了北伐，了解了北伐战争，深深感受到董老师对国民革命军的欢迎和对北洋军阀的厌恶。在董老师的影响下，北伐军的战况常常成为学生们私下谈论最多的话题。董老师常常在课堂上就题发挥，把进步的思想与道理融入看似离题万里的新闻、议论之中，被同学们笑称为"神聊"。他常常幽默诙谐地自我解嘲说："呵呵，我是不是又神聊了呀！"逗得大家哈哈大笑。然而革命的道理、民主科学和爱国的思想就在这不经意的笑声中春风化雨般对学生们、对钱学森产生着深刻的影响。

1924 年 1 月 17 日，鲁迅应学校的邀请为教师们做了一场名为《未有天才之前》的著名演说，这篇演说后来还被收录到中学的语文课本中。虽然钱学森和同学们没有在现场聆听，但董鲁安老师很快在国文课上详细地向大家转述了演讲的全部内容。

鲁迅先生在演说中旁征博引，深入浅出地说明了一个道理：要想产生天才，必须得有能使天才成长的民众；没有祖国，没有人

钱学森的国文老师董鲁安

民，就没有天才，也没有英雄。他讲道，拿破仑率领军队过阿尔卑斯山时，曾豪迈高呼："我比阿尔卑斯山还要高！"画面是多么的英雄伟岸。但是，鲁迅先生特别提醒大家，此时的拿破仑之所以能如此彰显英雄气概，是因为在他的身后站立着许多忠实的士兵。而如果没有了这些士兵，这位伟人难免落得被敌人捉住的下场，那时如果再说出"我比阿尔卑斯山还要

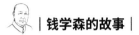

高！"这样的话，恐怕听起来就是令人不解的"疯言疯语"，完全谈不上什么英雄之举了。鲁迅先生还举例说，要有好花，就得有好土，"没有土，就没有花木了，所以土实在较花木还重要"。花木没有了土，就像拿破仑没有了好的士兵一样。

说完，董鲁安老师深情地对同学们说：我愿意像鲁迅先生一样，做一把泥土，培育你们这些花木。他还要求学生们多读鲁迅先生的文章，不要忘记自己是中国人，无论将来做哪一项工作，都要想到自己的祖国，想到自己作为一个中国人的责任。可以说，这个道理深入钱学森的骨髓，成为他一生坚守的信念。

1935年初夏，钱学森赴美留学前，钱学森曾回母校看望老师们，特别想再求教于董鲁安老师。他不知道，董老师此时已经在为共产党开展地下工作。1942年，根据地下党组织的安排，董鲁安老师几经周折，抵达晋察冀解放区，受到聂荣臻将军的欢迎。有人说，著名作家老舍先生的小说《四世同堂》中那个深明大义的"钱默吟"先生就是以董鲁安老师作为原型的。1955年，钱学森历尽艰难回到祖国，马上就激动地想去看望敬爱的董老师。可得到的却是老师已经故去的噩耗，这令钱学森悲痛和遗憾不已。

中学阶段还是钱学森放眼世界的开端。

多年以后，钱学森在给西安交通大学图书馆的信中深情地回忆起了在初中三年级时发生的一件事：

一天中午午餐后休息时，同学们在一起闲聊的时候，一位同学大声说，你们知道不知道，二十世纪有两位伟人，一个爱因斯坦，一个是列宁。大家问他怎么知道的，他说那是他从图书馆借的一本书上看到的，再问他，终于弄清了爱因斯坦是科学伟人，列宁是革命伟人。大家非常高兴，但那时我们谁也不知道爱因斯坦是相对论的创始人。

足可见，那时的中国还很闭塞，爱因斯坦创建了相对论，是名副其实的科学伟人，学生们还无从知晓，至于列宁这位革命伟人，尽管他1917年领导的十月革命刚刚发生不久，但在当时的时局下被冠上了"赤色"反动的帽子，了解的人也是寥寥无几。

说者无心，听者有意。同学们的议论引起了钱学森对两位世纪伟人的好奇。于是，他就去图书馆把相关的书籍全都找出来仔细阅读，尽管这类书很少，无法十分深入地了解，但是已经足以让钱学森对这两位伟人产生无比的崇敬。

钱学森是家中的独子，父亲又在政府任职，家境殷实，在别人看来：你，钱学森从小吃穿不愁，有条件接受良好的教育，一定是个不知愁滋味的少年。没有人知道，帝国主义侵略下的中国在他幼小的心灵中留下了怎样的印象，这些又怎样影响了他的一生。所幸，师大附中的这六年光阴，不仅为钱学森奠定了学问上的基础，也在他的心田上播下了革命进步和爱国主义的种子。

3
第一次人生抉择

中学毕业时的钱学森

1929 年夏天，18 岁的钱学森即将中学毕业。但是，接下来人生的道路该怎么走，要上什么样的大学，选择什么样的专业？钱学森面临着第一次重要的人生抉择。

从唯一的蒙养院到一流小学，再到一流中学，钱学森一直在父亲的安排下，走着一条最为正规的成才道路。因在学校中的表现既优异又全面，钱学森得到了许多老师的青睐，都希望钱学森能在自己所教授的学科领域中有所发展和建树。国文老师董鲁安希望钱学森学习文科，认为他极具文学天赋，完全可以成为一个作家；数学老师傅仲孙反复嘱咐钱学森一定要选择数学系，认定钱学森在数学方面必定具有发展前途；音乐、绘画老师则认为钱学森很有艺术天赋，建议他学作曲、学画画；而母亲章兰娟却希望钱学森选择师范专业，将来子承父业，成为一名老师，继续从事教育事业。人们推测，如果钱学森的中学时光不是和中国一段最为动荡的时代重合，他的未来也许会选择截然不同的领域。当时的中国，在经历了连年内战和军阀割据之后，百业萧条、动荡不安的社会环境，也使得钱学森的兴趣明显发生变化，他潜心学习化学、物理、生物、数学，似乎已下定决心，要成为一个科学家。

父亲钱均夫也为儿子做好了一番打算。在钱均夫看来，只有实业才能救国。这种想法并不稀奇，因为对于当时中国的许多有识之士而言，学习西方先进的科学技术，用自己的知识和技术走实业救国的道路，是最实际也是最有效的爱国之举。当时著名铁路工程学家詹天佑就是他们学习和崇拜的最好榜样。

詹天佑12岁就作为中国第一批官办留学生留学美国；1878年18岁时考入耶鲁大学土木工程系，专习铁路工程；1881年詹天佑以毕业论文《码头起重机研究》获得学士学位后，于同年回国。回国后，詹天佑怀着满腔的热忱，准备把所学本领贡献给祖国的铁路事业。自从1825年世界上第一条铁路在英国建成，飞奔的火车就成为工业革命的象征，也成为一个国家跨入先进行列的标志。但是当英、美等

"中国铁路之父"著名铁路
工程学家詹天佑

国大力发展铁路事业的时候，落后的中国甚至还不知道铁路究竟为何物。当1865年外国人在北京铺设了两条0.5公里长的铁轨，火车轰隆隆开动起来的时候，许多中国人惊恐地似乎看到了什么"妖物"。要建设和发展铁路，当时的中国无论是技术还是观念都还十分落后。

几经挫折，终于詹天佑在1905年，顶住来自各方的强大压力，开始主持修建我国自建的第一条铁路——京张铁路（北京—张家口的铁路）。修建过程中，面对复杂的地形，詹天佑因创造了"竖井施工法"和"人"字形线路，震惊中外。之后，他又在筹划修建沪嘉、洛潼、津芦、锦州、

萍醴、新易、潮汕、粤汉等铁路中创造出斐然佳绩。詹天佑以其对中国铁路事业卓越的、开创性的贡献获得了"中国铁路之父"和"中国近代工程之父"的赞誉，成为中国人民心中的民族英雄。令人惋惜的是，1919 年，詹天佑因积劳成疾，病逝于汉口。詹天佑的经历和事迹极大地鼓舞着国人。但是，当时的中国太缺乏这样的优秀工程师了。

钱均夫建议儿子报考工科，而当时最好的工科大学是上海交通大学。当然，父亲还有一层更为实际的想法，那就是在交通大学选一个好的专业，以钱学森的成绩，毕业后的他十拿九稳能谋到一个好差事。

1929 年，18 岁的钱学森以第三名的成绩考入了交通大学机械工程学院。他又回到了出生地上海。上海是当时中国最发达的现代化大都市，是中国开埠最早的通商口岸之一，也是最具殖民地色彩的地方。这里有相对发达的工商业，也有让当时国人倍感耻辱的租界。同时，这也是一座奇特的城市，每天产生罪恶，也培育着希望。

钱学森就读的上海交通大学成立于 19 世纪末，其前身是南洋公学，是晚清的洋务运动代表人物盛宣怀为培养洋务人才筹资兴办的。这是当时的一批开明封建士大夫试图挽救清朝衰亡的众多努力之一。尽管清政府已经无可救药地覆灭了，这所学校却延续下来，成为当时中国最著名的培养工程师的高等学府，为中国摆脱屈辱贫困，走向民主富强输送着人才。1929 年，上海交大曾经拍摄过一段珍贵的影像资料，反映了当时学校的教学情况。当然，在其中并不能找到钱学森的身影。他是一个文静的学生，每天的课余时间几乎都是在图书馆里埋头阅读度过的。和在中学时一样，一有时间他就会去图书馆看书，而且是一动不动地坐上好几个小时。虽然他主修铁路专业，但他的心似乎早已经飞向更加广阔的世界。所以，他读书的重点并非是他的机械工程专业，而是一些飞行方面的书籍。他在晚年的一封信中回忆道：

讲飞艇、讲飞机、讲航空理论的书都借来读，讲美国火箭创始人罗伯特·戈达德的书也借来看。

钱学森提到的这位美国火箭创始人罗伯特·戈达德在 1920 年就提出，用多级火箭能把探测仪器送到两百英里高度，用更大的火箭可以在月球上着陆。就在这个时期，第一次世界大战后的欧洲进入短暂的和平时期，一批科学家开始尝试研制飞向遥远太空的火箭。1923 年，罗马尼亚科学家赫尔曼·奥伯特发表了一本 92 页的《通向空间之路》，详细地介绍了火箭、卫星、宇宙飞船的原理和构造，他因此获得"现代火箭技术之父"的称号。1929 年，奥伯特作为科学顾问参与了一部名叫《月亮夫人》的电影，在德国取得了很大成功。当时的德国作为战败国，在发展军备方面受到限制，但 1930 年，德国陆军秘密开始了研究液体火箭的任务。1934 年，苏联也成立了世界上第一个国家级的火箭技术研究机构——国家喷气推进研究所。历史上最早尝试借助火箭上天的人是中国明朝的万户，但他在爆炸中的粉身碎骨让飞天成为人们嘲笑的奇思异想。在几百年后积贫积弱的中国，钱学森对星空的迷恋在人们看来依然是遥不可及的梦幻。但是，当他、当中国人站起来睁眼看世界的时候，这一切必将成为可能。

虽然第一次的人生抉择是在父亲的建议下做出的，但是，在不断成长成熟的钱学森心中，一颗征服宇宙的种子从未停止过生长，它已经悄然萌芽、抽叶，未来还将不断长大，一天天地把它的枝蔓伸向浩渺的天空……

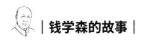

4
两个100分

钱学森就读的交通大学位于上海市西南角的徐家汇，当时还属于法国租界，在离学校不远的地方，就有一座建于1896年的法国中世纪建筑风格的天主教堂，至今依然完好无损地矗立在那里。

由于在中学时打下的坚实知识基础和超前的学习能力，钱学森在大学里始终是一个极具天赋、成绩出众的学生。他入学后第一年几乎可以"玩"着过。因为这一年所学的课程，如解析几何、微积分、代数、有机化学、第二外语德语等，在北师大附中都已经学过。尽管如此，钱学森依然自我要求严格，丝毫没有放松。

交通大学有着自己独特的办学传统和教育风格，崇尚"精勤求学、敦笃励志、果毅力行、忠恕任事"。与以前就读的北师大附中相比，一个最明显的不同之处就是它十分注重学生的考试和分数，这未免让刚刚入学的钱学森有些不太适应。可他天生有着不甘示弱的个性，虽然对看重分数的做法不很认同，却也暗中较劲，学期终了，每门功课的成绩几乎都在90分以上，还因此获得了多项奖学金。现如今，在上海交大的档案馆里还保留着一份1932年机械工程学院的成绩单。其中，学号为469的学生就是钱学森，成绩位居全班22名学生之首。成绩单上清楚地记载着钱学森各门考试成绩：热力工程89分，机械实验90分，电机工程96分，电机实验94分，工程材料92.7分，机械计划91分，机械计划原理90分，金工实习

86 分，工程经济 84.2 分，总平均成绩为 90.44 分。关于考试成绩，在交通大学里一直流传着钱学森"两个 100 分"的故事。

这第一个"100 分"来自一次水力学考试。在 1980 年钱学森回母校时，金悫（què）教授拿出了一件自己珍藏了 47 年的宝贝——一份钱学森在 1933 年 6 月 23 日水力学科目的考卷，并讲述了这段 47 年的往事：

水力学考试结束，金悫教授阅卷后，对钱学森思路清晰、书写工整的答题十分满意，全都用红笔打上了醒目的"√"，并给出了满分 100 分。试卷发下来后，钱学森在重新阅卷时，突然发现了自己一个小小的失误：由于疏忽，有一道题在公式推导的最后一步，把"Ns"写成了"N"。这个小小的笔误连老师也没有注意到。钱学森思忖片刻，还是认为分数固然重要，但决不能弄虚作假。于是，他主动向金教授说明了自己的这个错误，要求扣分。这很让金教授感动，也甚为惊喜，于是将钱学森的分数改成了 96 分。但在金教授的心中，已经为钱学森这种严谨治学、实事求是的精神打上了满分。

其实，金悫教授名字用的这个"悫"字，就是"诚实谨慎"的意思。名字常常包含着父母殷切的期盼。人如其名，金悫教授从小受到的家教就是"诚实谨慎"，成年后更是以"诚实谨慎"作为自己为人行事的座右铭。正因如此，金教授对钱学森主动改错的诚实举动十分赞赏，对他的这份试卷也非常珍视，特意将它保留下来，一留便是 47 年之久。在以后漫长的岁月中，无论是抗日战争，随交大颠沛流离，迁至大西南，还是在动荡的十年"文革"，受到"造反派"的冲击，金教授都把这份试卷珍藏在身边。如今，这份试卷已被送入上海交通大学的档案馆永久收藏。1996 年，在上海交通大学建校百年庆典上，它作为珍贵的历史档案首次被公开展示。

金惹教授

金惹教授珍藏的钱学森的"水力学试卷"

第二个100分，是来自一份实验报告。钱学森特别重视实验课，做实验时也非常认真仔细。在一次热力工程实验结束后，钱学森写出了长达100多页的实验报告，完整而详尽地记录了自己在实验过程中观察到的各种现象和细节，还不时有许多闪现的创见。整个报告书写整洁，作图清晰。热工实验老师陈石英看完后大为惊叹，立即给出了100分的满分。这份实验报告成了交通大学机械工程学院历史上最佳的学生实验报告。

在钱学森提到的对他一生有重要影响的17个人中，热工实验老师陈石英就是其中的一位。陈石英是著名的热力工程专家，1906年赴英国留学，后又赴美国留学，1913年回国，在交通大学任教长达67年，是交大历史上任职时间最长的教授。陈石英教授对钱学森的影响极深，被钱学森视为大学期间令他受益最多的恩师之一。由于陈石英教授对实验要求严格，被学生们敬称为"老夫子"。俗话说，严师出高徒。钱学森那份得到100分的热工实验报告，至少可以说明两个问题：一是钱学森严谨的科学态度——做一个普通的实验，也能坚持一丝不苟，这对一个年轻的大学生来说，实属不易；二是钱学森撰写的实验报告确实很好，在以严格著称的陈石英老师眼里，居然也没有一点毛病，给了满分，更属不易。钱学森对陈石英教授高超的授课艺术甚为敬佩。陈教授学术精深，给学生们授课从不用讲稿，每每下课铃响时，他在黑板上的书写也刚好画上句号。日后，钱学森成为教授时，就总将陈教授作为榜样，给学生们讲课也十分严谨精确，受到学生们的敬佩。钱学森回忆道：

专业基础课中给我教育最深的是陈石英先生，他讲工程热力学严肃认真而又结合实际，对我们这些未来工程师是一堂深刻的课，我对陈先生是尊敬的。

陈石英教授

这两个 100 分让我们看到的是一位治学严谨的钱学森。从学生时代起就坚持一丝不苟的治学态度，是钱学森在学问上、工作上、科学事业中创造伟绩的重要因素。

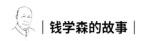

5
突如其来的人生风暴

1930 年夏天，暑假临近结束，钱学森就要在新的学期升读大学二年级了。可就在此时，一路坦途的他却遭遇了一场突如其来的人生风暴，甚至遭到了死神的挑战与威胁——他突然腹泻、头痛，高烧 40℃，皮肤上还出现了许多玫瑰斑疹。这来势汹汹的疾病让一贯身体健康的钱学森一下子卧床不起，经医生诊断，他竟然患上了伤寒！

伤寒是伤寒杆菌随着被污染的水或食物进入了人的消化道而引发的一种严重疾病。患者会持续发烧，甚至死亡。伤寒的传染性很强，在当时的医疗水平下，往往很难治愈。据史料记载，19 世纪 50 年代，在欧洲曾经发生了一场争夺巴尔干半岛的战争，英国、法国、土耳其、俄国等参战的国家共死亡了 50 万人，而其中，仅有 5 万人因战伤而死，另外的 45 万人都死于一种可怕的疾病，就是伤寒。尽管现在的西医治疗伤寒已不是什么困难的事情，一般只要为患者选用抗生素就可以治愈，而在当时，虽然英国细菌学家弗莱明已于 1928 年发明了青霉素，可它传入中国已经是 1944 年的事了。所以，钱学森患病后，医生并没有十分有效的治疗手段。

这时候，钱学森的父亲钱均夫已于前一年（1929 年）调任浙江省教育厅督学，举家迁回了故乡杭州。钱学森生病后被接回家治疗，回到了幼儿时代的家——方谷园 2 号。钱均夫为钱学森请了一位中医。这位中医给钱学森开了一个偏方：每日三餐豆腐乳卤加稀饭，连吃三个月！三个月后，钱学森的伤寒居然被治好了，但由于长期缺乏营养，体质变得十分虚弱。那位中医又介绍钱学森去找一位气功师进行调理，结果竟然彻底去除了病根儿。

为了养病，钱学森向学校申请休学一年。这一年，钱学森住在家中，与父母相伴，度过了他人生中十分难忘的美好时光。在养病的日子里，一家人常常去美丽的西子湖畔散步。绿柳拂面，轻舟荡漾，令人心旷神怡。但好学的钱学森做的最多的事情，还是待在家里看书。这一阶段的阅读和学习对他今后人生的走向产生了巨大影响。

因为爱好音乐美术，钱学森常常关注艺术理论方面的书籍。一次，他在书店买了一本讲艺术史的书。这本书的作者是一位匈牙利的社会科学家，他在书中大量运用唯物主义历史观进行分析论证。对当时的钱学森来说，这还是一个新鲜的理论和角度——他第一次看到运用科学理论来分析艺术，第一次感受到了唯物史观真理的力量。于是，钱学森对这一理论发生了莫大的兴趣，接着，他又有意识地找更多这方面的书来看。其中的两本书令他印象深刻。

一本书是1930年7月由上海光华书局出版、鲁迅先生翻译、苏联革命家普列汉诺夫所著的《艺术论》。普列汉诺夫是俄国马克思主义最重要的早期传播者。1882年，他用俄语翻译出版了由马克思、恩格斯共同起草的《共产党宣言》，被誉为"俄国马克思主义之父"。他的艺术理论被鲁迅认为是"给马克思主义艺术理论放下了基础"。

另一本书是由上海江南书店在1929年出版的由布哈林所著《辩证法底唯物论》。布哈林是苏联和共产国际的主要领导人。1917年，他作为布尔什维克党的中央委员，参与领导了俄国十月革命，建立了苏维埃红色政权。他所著的《共产主义 ABC》一书，与《共产党宣言》一起，曾经影响了中国共产党许多早期的领导人。

这一来便一发而不可收，钱学森他又忍不住找来马克思的《资本论》阅读。为了进一步比较鉴别，钱学森还选读了很多西方哲学史方面的书，也看了胡适的《中国哲学史大纲》。他边阅读边思考，最终还是深深感到只有唯物史观和辩证唯物主义才真的有道理，他越来越愿意接受和信服科学社会主义思想，而不再相信国民党当权者的那一套。

在休学期间，钱学森与表弟李元庆有了许多交往。钱李两家既是近邻，也是亲戚。李元庆母亲钱家礼与钱学森的父亲钱家治是嫡堂兄妹，钱学森年长李元庆三岁，是李元庆的表哥。当时，李元庆就读于杭州国立艺术专科学校，学习钢琴和大提琴，后来的他成了著名的大提琴家。

本就酷爱音乐的钱学森在身体基本恢复后经常和李元庆结伴去杭州青年会听音乐。在此过程中，他们谈论的话题逐渐从音乐延伸到人生观和价值观。钱学森的侄女钱永龄回忆说：

李元庆早年就读于杭州艺专，家中都说他是共产党，当年国民党要抓他，住到我家，他曾与我父辈各兄弟姐妹相处很好。尤其是与钱学森伯父交往十分频繁。他经常向学森伯父灌输进步思想，讲述民族危亡现状，一心希望早日唤起全中国各民族的伟大觉醒。那时，他经常向学森伯父偷偷传阅《共产党宣言》《辩证唯物主义》等进步书籍。

钱学森常从李元庆那里"略闻左翼文艺运动情况"。对钱学森来说，他们的交往在某种程度上具有"思想启蒙"的意义。正如钱学森所回忆的那样：

休学一年，读了一些社会主义的书，对国民党政府的所作所为知道了点底细，人生观上升了。

1931 年 9 月，李元庆考取了上海国立音乐专科学校。在上海期间，他与钱学森的交往更加频繁。钱学森留美之后，李元庆走上追求真理的革命道路。从 1936 年起李元庆先后在济南、温州、北京、桂林、重庆等地教学，并不断接触革命思想。1941 年被国民党政府列入黑名单后，经友人介绍与周恩来秘书张颖取得联系，并在其帮助下前往延安，先后三次受到周恩来接见。在延安期间，李元庆还担任了鲁迅艺术学院音乐系教员，1942 年参加了著名的延安文艺座谈会。在之后的人生道路上，李元庆与钱学森虽未能经常见面，但在思想上和精神上始终保持着深入的沟通和交流，堪称莫逆。日后，李元庆还先后参与了中央音乐学院及其民族音乐研究所的筹建工作，成为我国著名的音乐学家和大提琴演奏家。

在休学的这一年中，钱学森虽然遭遇了突如其来的人生风暴，但也因祸得福——他不仅在身体上完全恢复了健康，在情感上充分享受了与家人在一起的幸福时光，更在思想上有了质的飞跃。他曾深有感触地说：

延安时期的李元庆

这一年是我思想上有大转变的一年。我在这一年里，第一次接触到科学的社会主义思想，在我脑筋里树立了对共产主义的信念。

6
改变志向

1931 年 9 月初，病愈后的钱学森重返大学校园，他依然是以学习成绩优异著称的学生，但他明显对学校每周一早上在礼堂举行仪式，接受校长训话产生了极大的反感。正好这时有人来动员他参加学校的铜管乐队。钱学森听说，这个乐队在每周一早上要给仪式伴奏，之后就可以退席，不必等着听校长训话。钱学森欣然参加，并且认真练习，很快就学会了吹奏中音号。让钱学森好友印象深刻的是，他不仅学习成绩优异，他的音乐和对音乐的热爱，也让人叹服。钱学森的挚友、两院院士罗沛霖回忆说：

因为他（钱学森）的功课特别好，所以毕业时（学校）给他一笔奖学金，他就拿着奖学金去买了外国唱片，买回来给我看，和我一块儿听。

钱学森在交大的铜管乐队

终日和音乐与读书相伴，并且能轻松获得好成绩，可以说，钱学森的大学生活看上去是充实而惬意的，但他的内心却不能平静，时刻关注着国家的命运。他非凡的学习动力很大程度上来自于此。钱学森在他 70 岁高龄时曾经谈道：

我们学习并不是只为了有饭吃，我们学习的目的，就是为了建设祖国，振兴中华。为什么我们有这样的想法？因为我们爱国，不，可以说我们热爱祖国！这种强烈的爱国主义思想又是怎样产生的呢？那时中国是一个半封建半殖民地的国家，受尽了帝国主义的欺侮和压迫。每个中国青年，都强烈地感觉到"三座大山"压在自己身上，唯一的出路就是推翻"三座大山"。我们这些在上海读书的青年，都看见黄浦江畔外滩公园的门上，挂着一块"华人与狗，不得入内"的牌子，把我们中国人和狗排在一起！想到这些，使我们热血沸腾，下决心学习救国的本领。有了这个学习的动力，就什么困难也不怕，真是死都不怕。

校园外的世界没有丝毫诗情画意。就在他重返学校后没几天，一件关系中国命运、震惊全国的重大历史事件突然发生了。

1931 年 9 月 18 日夜，在日本关东军安排下，铁道"守备队"炸毁沈阳柳条湖附近的南满铁路路轨，又将 3 具身穿东北军士兵服装的中国人尸体放在现场，作为东北军破坏铁路的证据，诬称中国军队破坏铁路。继而日军以此为借口，炮轰沈阳北大营。这就是震惊中外的"九·一八"事变。此时的日军可谓有恃无恐，他们毫不在乎自己的兵力只有区区 1 万余人，而东北地区的中国军队有近 20 万。果然，事件发生后，在蒋介石"攘外必先安内"的方针下，国民党军一心只想围剿工农红军，而对日本的侵略放弃了抵抗。短短 4 个月内，东北三省全部沦陷，人民陷入了水深火热的亡国之痛。不久，在日本军国主义者的扶持下，东北地区宣布成立了名义上由清朝末代皇帝溥仪任"执政"（两年后改称"皇帝"）的伪"满洲国"。

全国人民愤怒了。北平（今北京）、上海、南京、广州、武汉等地的学生、工人、市民群情激奋，纷纷举行游行示威，罢课罢工，发表通电，强烈要求国民党政府抗日。人们高唱由田汉作词、聂耳作曲的《义勇军进行曲》，喊出亿万中国人民心中的满腔悲愤："中华民族到了最危险的时候，每个人被迫着发出最后的吼声！"

日本军国主义者野心勃勃，在占领东北三省后，又把觊觎的目光投向了上海。他们精心策划了一个阴谋：1932 年 1 月 18 日，日军唆使 5 名日本僧人向上海工人义勇军挑衅，制造事端，再反咬一口诬陷义勇军袭击了自己。1 月 28 日午夜，日本海军在沪舰队司令官以"保护日侨"为借口，调集了 1800 余名海军陆战队队员、4000 余名武装日侨、数十辆装甲车，向驻守在闸北区的中国军队突然发起了袭击。驻守上海的国民革命军第十九路军的官兵们奋起反抗，震惊中外的"一·二八"淞沪抗战由此打响。第十九路军在总指挥蒋光鼐、军长蔡廷锴的指挥下，战斗打响一周后，也没有让扬言"4 小时即可结束战斗"的日本军队攻占闸北。

"一·二八"淞沪抗战的爆发，再次激发了全国人民的抗战热潮。上海市民用各种形式支援第十九路军的抗战。由孙中山先生的夫人宋庆龄发起，在交通大学办起了国民伤兵医院。交通大学当时的地理位置独特，前门开在法租界，后门则在华界的虹桥路。大批伤兵通过虹桥路被送入了交通大学。当时的交通大学校长黎照寰是孙中山先生的生前好友，他义无反顾地决定把交通大学最好的学生宿舍——执信西斋腾出来用作伤兵医院。

执信西斋建于 1929 年，是栋欧式的马蹄形楼房，中间三层，两侧各两层。这里就是钱学森的学生宿舍。钱学森和同学们虽然迁出了执信西斋，但常常回来看望伤兵，帮着做些力所能及的活儿。他们亲眼看到，宋庆龄和廖仲恺的夫人何香凝，换上了白色护士服，不辞劳苦地奔忙穿梭于病床之间，精心照顾着伤兵，敬佩之情不禁油然而生。

5 月 5 日，蒋介石政府与日本政府签订了丧权辱国的《上海停战协定》。这一协定把上海划为"非武装区"，中国政府不得在上海至苏州、昆山一带地区驻军，而日本则可以继续在这些地区驻军。中国军队英勇奋起的"一·二八"淞沪抗战换来了这样的结局，令全国人民愤怒。张治中将军愤恨地说："这是沉痛的收场。"

"一·二八"事变最后以中国的失败而告终，但这场战争深深刺激了年仅 21 岁的钱学森，他第一次真真切切地感受到了国民党政府的软弱和亡国的伤痛。尤其是他目睹了上海上空日本的飞机——作为一个对航空飞行怀有梦想的青年，他第一次看到了这么多飞机！从这些呼啸而过的飞机上投下的炸弹，顿时让上海这座昔日繁华的大都市变成了一片火海。

据当时的资料记载，日本拥有飞机 2000 架，中国只有 270 架，而且只有 90 架飞行状况算得上安全。那时的日本已经发展出完整的航空工业，而中国的飞机全部来自进口，只在杭州、上海、武

"一·二八"事变中遭受轰炸的商务印书馆

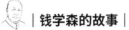
昌、南京等地有零星的修理厂和几所航空学校，聘请外国教员培养中国飞行员。

中国许多有识之士也早已看到了这一点，纷纷呼吁，发展中国自己的航空事业。1933年年初，也就是"一·二八"淞沪抗战后的第二年，国民党政府组织成立了中华航空救国会（后更名为中国航空协会），并举办了"航空救国飞机捐"活动，宣称要"集合全国民众力量，辅助政府，努力航空事业"。"航空救国"最初是由孙中山先生提出的，而最早把"航空救国"付诸行动的则是中国飞机设计师冯如。

冯如，原名冯九如，1884年1月12日出生于广东省恩平县一个贫苦农民家庭，12岁随父漂洋过海到美国谋生。在美国，他目睹了先进的机器制造工业，认为国家富强必须有赖于机器制造，于是立志为中国图强。他白天当勤杂工，晚上攻读机械学，苦心钻研10年，成为一名精通机械和电器技术的专家，先后研制发明了抽水机、打桩机、发电机、无线电收发报机，在美国颇负盛名。1903年，美国的莱特兄弟发明了依靠动力持续飞行的双翼飞机，并在美国的北卡罗来纳州进行了首次飞行。尽管这次飞行的时间只有12秒，飞行距离仅为36.5米，但这是人类历史上第一架由人驾驶、飞上空中的飞机。这一消息激发起了冯如的创造热情，他开始探索飞机的设计和制造。1904年，日俄战争爆发，而进行战争的地方竟在中国的东北境内，中国百姓惨遭战争蹂躏。这件事，对冯如震动很大。他决心一定要为祖国制造出飞机，并

中国第一位飞机设计师、飞行家冯如

发出"苟无成，毋宁死"的豪壮誓言。

1909 年 9 月，在莱特兄弟研制成功第一架飞机 6 年之后，冯如也设计并成功制造了他的第一架飞机，取名"冯如一号"。9 月 21 日，在美国的奥克兰，冯如驾着这架飞机进行了首次飞行。飞机升至四五米高，绕着一个小山丘，飞行了大约 800 米后安全着陆。冯如设计制造的飞机，外形与莱特兄弟制造的飞机相似，也是双翼构架式机身，发动机安装在下翼的中央，但改进了着陆装置，起落架末端安装着 4 个轮子，显示出良好的性能。冯如的试飞成功，使中国跻身于早期世界航空之林，也震惊了西方世界。美国媒体称冯如为"东方的莱特"，并惊呼"在航空领域，中国人把白人抛在后面了"。1910 年，冯如又设计制造了更加先进的"冯如二号"。就在钱学森降生的 1911 年，冯如回到祖国，辛亥革命爆发后，他义无反顾地加入了革命洪流，被任命为广东革命政府的飞机长，领命组建广东飞行器公司。这是中国第一个飞机制造厂。在这里，冯如制造了一架新的飞机。1912 年 8 月 25 日，冯如驾着这架飞机在广州燕塘进行了飞行表演。在飞行了 8000 米后，冯如驾机升高，由于操纵过猛，飞机失速坠地。冯如身受重伤，送医院抢救不治，以身殉国，年仅 29 岁。冯如弥留之际留下遗言：

大家万万不可因为我的死而丧失了进取之心！

冯如牺牲后被追授为陆军少将，遗体安葬在广州黄花岗，并立碑纪念。抗日战争的爆发，使人们再次意识到"航空救国"的重要性，想起了航空先驱冯如。鲁迅先生用锐利的笔触告诉人们：

救国，是件实实在在的事情，不尚空谈，需要脚踏实地、目标明确。

1931 年下半年交大机械学院就开设了航空工程课程，由外籍教师 H.E.Wessman 讲授。钱学森在四年级选修了航空工程，两学期平均成绩为

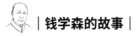
90，列选修该课程的 14 人之首。

应该说，如果不是这次近在咫尺的战争，钱学森有可能还会继续实现父亲最初的愿望，成为一名制造火车的工程师。按照他的成绩以及交通大学在铁道部的地位，他几乎可以十拿九稳地在铁道部找到一份很好的工作，按当时的工资标准，月薪在 60 大洋以上，足够过上非常舒适的生活。然而这场轰炸让钱学森深刻认识到，科学技术的进步才能体现国家的强盛，如果拥有自己强大的航空工业，也许就不会遭受如此屈辱。

毕业前夕，钱学森和他的同学们来到了位于北京郊外的青龙桥火车站。这条铁路就是 1909 年由中国人自主设计建成的第一条铁路，它的设计者就是詹天佑。在青龙桥火车站，钱学森望着延伸至远方的铁轨，默默地向詹天佑这位铁路界的前辈表达缅怀，也向他学习了四年的铁路专业做了最后告别。因为这时候的钱学森已经悄悄报名参加了清华大学赴美公费留学生的选拔考试——他已决定改变专业志向，远赴美国，学习飞机设计。

1934 年，钱学森以全专业第一名的成绩，从交通大学毕业。

钱学森的学士照

1935 年 7 月，他在《浙江青年》杂志第一卷第 9 期上发表了一篇题为《火箭》的文章。在文章中，年仅 24 岁的钱学森表现出对速度的浓厚兴趣和对天空的无限向往。他写道：

我们在最近两个世纪来，科学方面的成就的确不少了。最足以为自豪的是我们在交通器具上的发展。我们由一天走不到六七十里的牛车，到一小时飞奔二三十公里的流线型火车；我们由橹摇的渡船到七万多吨、每天走一百里的法国邮船瑙曼地号；现在又是天空的时代了，中国航空公司的杜格拉斯飞机，可以在一小时中飞六百里。所以人们喊出：我们征服天空了！你在一个清朗的夏夜，望着繁密的闪闪群星，有一种可望而不可即的失望吧！我们真的如此可怜吗？不，决不！我们必须征服宇宙！

刊登钱学森《火箭》一文的杂志《浙江青年》封面

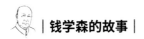
7

幸遇伯乐良师

20世纪30年代的中国贫穷落后，更谈不上有什么先进的航空工业。要想实现"航空救国"，只有走出国门，学习西方先进的航空技术。

钱学森有两个选择，去意大利或去美国。因为去这两个国家，可以报考公费留学生。但是，要去意大利留学，有一个让他无法接受的先决条件，就是得先加入国民党空军，留学后，要为国民党空军服务。所以，钱学森选择了去美国留学。

当时在清华大学设有一个去美国的"庚子赔款"公费留学生项目。说起"庚子赔款"，里面还有着一段屈辱的历史：1900年八国联军攻打北京后，腐朽的清政府与帝国主义列强签订了屈辱的《辛丑条约》，被侵略的中国反而要付给各个侵略国共四亿五千万两白银赔款，并以各国货币汇率结算，按4%的年息，分39年还清，这样算来，连本带息总数高达10亿两白银。1900年为农历庚子年，这笔赔款就被称为"庚子赔款"。在这笔赔款中，美国实际分得了2500万美元，比它向中国的实际索赔额多出了一倍。对于多出的钱，当时的美国总统罗斯福决定"还"给中国。当时，这并非是侵略者的什么菩萨心肠，只是美国政府想得更加长远，他们决定用这笔钱建立一个中国学生赴美留学的奖学金，企图通过培养一批又一批接受美国教育的中国精英，从思想上、知识上达到长久控制中国的目的。正如美国伊利诺大学校长詹姆士所说："哪一个国家能够做到教育这一代中国青年人，哪一个国家就能由于这方面所支付的努力，而在精神和商业上的影响取回最大的收获。"但是，令美国人没有想到的是，这个留学生计划为中国培养出了一批优秀的人才，他们中的许多人并没有迷恋美国优越的生活和工作条件，而是始终怀揣着一颗滚烫的中国心，想尽办法回到祖国，用在美国学习的先进科技知识为祖国服务，抵抗帝国主义的侵略。

1934 年，钱学森与来自全国各地的大学生竞争 20 个赴美留学的席位，并幸运地胜出，考取了清华大学"航空机架"专业留美公费生。之所以说"幸运"，是因为钱学森遇到了一位能识千里马的伯乐——主持招考工作的清华大学理学院院长叶企孙先生。

叶企孙，1898 年 7 月 16 日出生于上海的一个书香门第。1918 年从清华学校毕业之后考取庚子赔款留美公费生前往美国留学，先后就读于芝加哥大学和哈佛大学物理系，并于 1923 年获哈佛大学哲学博士学位。1924年回国。1925 年清华学校创立大学部，他创建清华物理系并出任系主任。1929 年，清华大学理学院成立，叶企孙出任院长。此后，他长期担任清华大学理学院院长兼物理系主任。叶企孙先生不仅是一位优秀的物理学家，而且是一位杰出的教育家。他亲自培养了我国一大批著名科学家。在"两弹一星"的 23 位元勋之中，有 10 位是他的学生。此外，杨振宁、李政道、林家翘、戴振铎、王竹溪、钱伟长等著名科学家皆出自于他的门下。正因为这样，叶企孙被誉为"培养大师的大师"。叶企孙长期主管清华庚款留学基金。清华大学每年选派留美公费生，均由叶企孙定夺。他指导和选派过多名留学生，大都成长为新中国各门学科的带头人，这证明他十分具有识才的眼力。

"九·一八事变"后，大批日本轰炸机掠过中国上空，掷下成千上万的炸弹，使叶企孙意识到中国必须培养自己的航空人才，以求发展航空工业和空军。1933年，叶企孙在清华大学选派的留美公费生中，选中了毕业于交通大学唐山工程学院的林同骅，使他成为清华大学第一个"航空机架"专业留美公费生。林同骅学成归国后，成功设计并制造了中国首架运输机。在1934年的遴选中，叶企孙注意到了钱学森这个"特别"的学生。原来，不知什么原因，向来擅长数学的钱学森，在报考清华大学留美公费生的考试中，竟然在数学科目上挂了红灯，考了不及格，并且其他科目的

"培养大师的大师"叶企孙先生

成绩也不理想，但他的"航空工程"这门课程却得了87的高分。叶企孙先生看出钱学森有志于航空工程专业的学习，于是决定对他破格录取。清华大学一向有着不拘一格选人才的优良传统：钱钟书在报考清华大学时，数学不及格，仍被录取；吴晗两次考试数学皆为0分，也被破格录取……可以说，如果没有叶企孙破格录取钱学森，钱学森当时也就无法到美国留学，日后也就不会成为冯·卡门的学生。钱学森的历史也许就此将被完全改写。

叶企孙这位"培养大师的大师"，在1934年除了破格录取钱学森为清华大学"航空机架"专业留美公费生之外，还亲自为钱学森聘请了王士倬、钱昌祚、王助三位航空工业名家组成指导小组。按照清华大学的规定，凡选派出国的留学生，必须由学校指派导师补习一年的课程，于是叶

企孙就为钱学森选派了三位教授组成了导师组，对他进行具体指导。这几位导师都是当时中国顶级的航空工程专家，由他们对钱学森出国前的学习进行精心筹划和严格安排，使他在国内很好地补修了航空工程基础知识。

导师之一钱昌祚 1919 年从清华学校作为庚子赔款留学生前往美国，1922 年在麻省理工学院机械工程系毕业后改读航空工程研究班，1924 年获硕士学位。他先是安排钱学森去杭州中央飞机制造厂、南昌第二航空修理厂、南京第一航空修理厂和上海海军制造飞机处参观和实习后，再到清华大学接受导师的辅导。丰富的见学实践活动使钱学森学到了许多从未接触过的航空知识，了解了航空工业特有的生产过程，为他攻读航空专业打下了初步的基础。

钱学森在实习的杭州笕桥的中央杭州飞机制造厂第一次见到了他的另一位导师、鼎鼎大名的飞机设计师王助教授。王助是波音公司的第一位设计师，他为波音设计了第一架商用飞机，因此有人把他称为"波音之父"。1909 年，年仅 16 岁的王助就被清朝大臣选中前往英国留学。1915 年 9 月，转往美国麻省理工学院学习航空工程，并获得航空硕士学位，这是中国人第一次获得航空工程学位。1917 年，王助被聘为波音飞机公司第一任总工程师。他设计出乙型水上飞机，一下子就卖出了 50 架，使波音飞机公司赚到了"第一桶金"。虽然王助成了波音公司飞机设计的顶梁柱，但他却未受到应有的尊重，反而要忍受美国无处不在的种族歧视——作为总工程师的他，竟然无法进入测试场地对自己设计的飞机进行测试！ 1918 年 2 月，忍无可忍的王助毅然回国。1931 年，王助出任中国航空公司总工程师。1933 年 8 月，出任中央杭州飞机制造公司第一任监理，在笕桥工作了三年。王助与钱学森一见如故，一下子就喜欢上了这位聪慧好学的青年人。

他教导钱学森务必重视工程技术实践和制造工艺问题。之后，他也被钱学森列入了曾经对自己产生深刻影响的 17 位先辈之一。

1947 年钱学森回国探亲时与导师王助教授合影

钱学森在结束了全部的实习之后，又回到离别五年的北京。在清华大学，钱学森见到了导师王士倬教授。王士倬比王助年轻 12 岁，只比钱学森大 6 岁。跟王助一样，王士倬也在美国麻省理工学院获得了航空工程硕士。他主持设计、建造了中国第一座风洞，是中国航空事业先驱人物之一。王士倬教授语重心长地告诉钱学森，虽然飞机是美国莱特兄弟在 1903 年发明的，但是中国人很早就有着飞天的梦想，还鼓励钱学森继续努力，一定要实现中华民族的飞天梦想。

1935 年 8 月钱学森登上"杰克逊总统号"邮轮前往美国留学

在三位名师的指导下，学习了四年铁道工程专业的钱学森，终于迈入航空工程专业的大门。在一年扎实的实习后，1935 年 8 月，钱学森负笈东行，从上海登上了"杰克逊总统号"邮轮，开始了追寻梦想的漫长旅程。

邮轮驶入大海。站在甲板上的钱学森望着那渐渐远离的落后贫穷、战乱频仍的祖国，心情无比复杂。此时的他，虽然胸怀着以自己的力量帮助祖国人民走出苦难境地的坚定决心，却必须使用美国人提供的奖学金，而这笔钱又来自几亿中国同胞的血汗。大海烟波浩渺，前方是一个未知的世界。在征服宇宙之前，他首先要独自前往一个陌生的国家，孤身奋斗……而此时的钱学森已经抱定了一个决心，不仅要去异国求得一个学位，更重要的是"把世界上最先进的东西学到手，站到他们所有外国人的前面。我，要回来！"

第三章
异国求学

在初到美国的日子里，钱学森虽然在学习上成绩
优异，游刃有余，但是他过得并不愉快。

1

崭露头角

1935 年 8 月，24 岁的钱学森踏上了旅途，他乘坐的美国"杰克逊总统号"邮轮，从上海出发，途经香港、马尼拉、横滨、檀香山，经过 20 多个日日夜夜的海上颠簸，最后停靠在美国的旧金山港。之后，他又继续前行，横穿美国大陆，来到东部城市波士顿。这是一段漫长的旅程，也是钱学森人生的第一次远行。在船上，钱学森与同船的留学生拍了一张合照。这是 20 位意气风发的青年，其中不乏日后对中国各方面产生巨大影响力的人物——历史学家夏鼐、空间物理学家赵九章、水利专家张光斗等等。而钱学森是其中唯一进修航空学飞机设计专业的学生。

1935 年赴美公费留学生合影　　　赴美留学时钱学森护照上的照片

钱学森即将就读的麻省理工学院就坐落在波士顿市剑桥镇美丽的查尔斯河畔。这里风景秀丽，环境幽美，占地约 120 多亩，沿查尔斯河绵延 3

公里，古朴肃穆的建筑群沿河矗立。学院没有主校门，面对着查尔斯河的就是中心校园主楼，这里空气清新，绿草如茵，达尔文楼和牛顿楼犹如两位科学巨擘的地位一样，令人仰视。中间的古希腊式建筑是学校的主行政楼。

麻省理工学院

这所创建于 1861 年的综合性私立大学，精英云集，曾有 78 位诺贝尔奖得主在这里学习和工作。它被誉为"世界理工大学之最"，其自然及工程科学在世界上享有极佳的盛誉。它的办学宗旨是：基础科学与应用科学并重，教学与科研相结合，学校教育与社会需要相结合。

钱学森很快发现这里的教学方式与交通大学的教学方式有很大不同。

一方面，这里学习环境非常宽松，十分有利于发挥学生的独立思考能力与学习的主动性，这非常适合钱学森的学习特点。这个个子不高、有着一双乌黑大眼睛的中国学生很快就脱颖而出——他才华横溢，学业成绩超乎寻常地优异。对钱学森的才能最感到吃惊的是数学老师，他对抽象概念的理解力、进行逻辑推理的能力以及解决问题的技能技巧，都远远超出了常人。大家暗自惊叹，麻省理工学院来了一位中国的高才生。

在麻省理工学院校园流传着这样一个故事，有一次考试，老师出了一道特别难的怪题，绝大多数学生都答不出来，考试不及格。大家都忿忿不平地认为教授是在有意令他们难堪，于是一部分人聚集起来，准备到这位教授那儿去抗议说理。令大家惊讶的是，他们刚到教授的办公室门口，就看到紧闭的门上端端正正地贴着一张试卷，答案全都正确，尤为醒目的是试卷上教授给出的一个大大的"A"，还连打了三个"＋"号！细看下去，整张试卷用钢笔作答，干净整洁，没有一处修改和涂抹的痕迹，足以证明答题者不仅会答，而且思路清晰，答得毫不费劲。再看姓名——钱学森。想要闹事的学生一看都没了声音，人群散去，没人再敢敲门找教授评理了。

另一方面，麻省理工学院所重视的除了考试和开创新理论，还有动手实践的能力，航空工程系更是以培养具有实际动手能力、一毕业就能投入生产的工程师为傲，教学中尤其偏重实验操作，这让钱学森遇到了严峻的挑战，感到无助。由于国内学校缺乏实验设备，钱学森和其他中国学生一样较偏重理论，而对那些比较强调动手的课程则感到吃力。在实验课堂上，他常常因为操作工具笨拙遭到老师和同学们的嘲笑。有一次，在实验车间里，钱学森满面愁容地走到同学桑斯特的工作台前，向他请教，如何将防火墙后的燃料罐与防火墙前面的发动机连接起来。桑斯特表示难以置信，因为在他看来这完全不是一个问题，只要在防火墙上钻个小洞，用铜管把燃料罐和发动机一接，不就完事了吗？于是，他不留情面地对钱学森说："这个问题相当愚蠢。"钱学森的自尊心受到了很大打击，但他也不得不承认，动手操作的确不是自己的长项。他很清楚，从小到大，自己几乎都是在图书馆中长大的，而他的大多数美国同学则在家庭式实验室中成长，在谷仓、地下室和车库里整日摆弄汽车零配件、脚踏车、无线电和飞机模型。钱学森曾对朋友说，美国人"一生下来手里就拿着活动扳手"。他本指望能在麻省理工跟随一位伟大的数学家求学，但是就像校友鲍勃·萨默斯说的，他碰到的教授"与其说是科学家，倒不如说是探险家"。

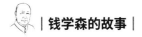

有一天，钱学森忍不住对系主任汉萨克表达对航空学课程过分注重实验的不满，但这位系主任却冷冰冰地答道："听着，你不喜欢这里，就回中国去算了"。

可以说，无论是在性格上，还是在科学研究的方法论上，钱学森与麻省理工都大相径庭。在初到美国的日子里，钱学森虽然在学习上成绩优异，游刃有余，但是他过得并不愉快。他喜欢独处，一个人去剧院听著名的波士顿交响乐团的演出，一个人在教室里安静地看书，一个人在校园里沉思，一个人忍受漂泊海外的孤独寂寞，一个人苦苦坚守心中的梦想。他的目光现实而又深远。他认为，美国有先进的科学技术，自己必须抱着虚怀若谷的心态刻苦学习，绝对不能匆匆地来美国白跑一趟。但是，学习绝非仅仅为了个人的锦绣前程，在出国前夕，钱学森就与同窗好友约定：学好本事回国报效。正如他自己说的：

我到美国去，心里只有一个目标，就是要把科学技术学到手，而且要证明我们中国人可以赛过美国人，达到科学技术的高峰。这是我的志向。

钱学森为了向美国人证明一个中国青年的实力，为了实现自己报效祖国的目标，以超人的毅力孜孜不倦地学习着。他明白在美国这个科技发达的国家里，要学的知识非常多。无限的求知渴望、强烈的民族自尊、千里之外风雨飘摇中的祖国，无时无刻不在提醒和鞭策着他，使他不敢有半点懈怠之心。在景色秀丽的查尔斯河畔，在古色古香的剑桥镇，他从没有闲情雅致驻足欣赏身边的景象，参观游览各种历史古迹，而是将全部时间都投入到学习中去。

就这样，1936 年的秋天，钱学森仅用了短短一年时间就拿下了航空工程专业的硕士学位。这一年，他刚刚 25 岁。

钱学森麻省理工学院硕士毕业证书

可此时钱学森的心情并不兴奋，反而有些沉重。他又一次独自一人来到了查尔斯河畔，苦苦思索自己的未来。此时的他正在做出一个选择，是回到中国找一份待遇不错的工作，做一个飞机制造的工程师，还是留在美国继续攻读博士学位，深研航空理论，向着自己真正的理想迈进呢？

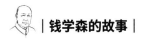

2
突闻噩耗

　　1936 年，就在钱学森来到美国麻省理工学院半年之后，收到了父亲寄自上海的一封家信，信中传来母亲病故的噩耗。对他来说，这无异于晴天霹雳，令他撕心裂肺。信未读完，钱学森已泪眼模糊，恨不能大哭一场。但是，这毕竟不是在国内。强烈的悲痛使他无法平静，他跟跟跄跄冲出室外，奔向校园的草坪，奔向剑桥镇的树林，奔向查尔斯河畔……

　　钱学森漫无目的地走着，眼前的一切似乎都视而不见，脑际里唯有母亲的音容笑貌。不知走了多久，他才回到宿舍。然后，伏在案头，铺纸提毫，饱蘸心血，勾勒出一幅母亲的肖像，一幅他心目中的母亲的肖像。她慈祥、俊秀、一双慧目永远都在期盼着他，关照着他……

　　钱学森把母亲的画像挂在案头，以便时时仰望母亲的笑容，回味母亲的教诲。

　　钱学森从藤条箱中拿出临行前母亲为他绣的那方手帕，端端正正地铺放在桌案上，还是那朵亭亭玉立的荷花。睹物思人，钱学森再次陷入了悲痛的回忆之中。他想起了母亲如莲花般高洁的品性；想起了北京旧居里那口特大的雕花水缸中绽开的莲花；想起了母亲时常吟诵的北宋哲学家周敦颐的名作《爱莲说》……母亲那清脆而轻柔的声音，仿佛真的又在耳边回响：

　　水陆草木之花，可爱者甚蕃。晋陶渊明独爱菊。自李唐来，世人甚爱牡丹。予独爱莲之出淤泥而不染，濯清涟而不妖，中通外直，不蔓不枝，香远益清，亭亭净植，可远观而不可亵玩焉。

予谓菊，花之隐逸者也；牡丹，花之富贵者也；莲，花之君子者也……

钱学森在心底也默诵着这脍炙人口的华章。在他的心目中，那莲花就是母亲，就是母亲那通达内心和纯洁灵魂的化身。

男儿有泪不轻弹，只因未到伤心处。

这一夜，钱学森眼在流泪，心在滴血。他抚摸着母亲亲手绣制的手帕，像是投入了母亲的怀抱……

12年后，钱学森回国探亲，父亲向他描述了母亲离去那天的情形：

那天是个阴沉沉的雨天，但在最后一刻天放晴了。你母亲突然睁开双眼，像是在寻找着什么，她用颤巍巍的声音说道："天晴了，学森该……该回……回来了！"我说："是的，天放晴了，飞越太平洋的新航线就要开通了，咱们的学森就要坐飞机回来了，你千万要等他呀！"你母亲吃力地点点头，安详地闭上了双眼，她也许是在耐心地等你回来。可是，她终究没能见到你，她带着对独子的深深思念，离开了我，离开了这个世界。

说罢，老父亲呜呜地痛哭起来。钱学森也早已抽泣得说不出话来。过了一会儿，父亲慢慢地从枕下摸出了一页泛黄的小纸片，递到钱学森手里。钱学森打开纸片，一眼就认出了母亲那娟秀的手迹：

窗外细雨飞，老妇命垂危。夫君煎药苦，盼子子不归。

诗笺上泪痕斑斑，那是一位慈母思念远方游子的泪水。钱学森手捧母亲临终前留下的诗笺，再也无法控制自己的悲伤，放声大哭起来。

3

重新抉择

1936 年秋天，钱学森取得了硕士学位，在学习生活中遭遇的挫折和困难并未动摇钱学森为祖国而发愤学习的决心。经过在美国的一年学习，钱学森发现，经由多年沉浸在图书馆中书本的熏陶，理论思考才是自己的学术强项。他决定继续留在美国转攻航空理论。他大胆地毛遂自荐，志愿投于加州理工学院世界航空理论权威西奥多·冯·卡门教授门下。

20 世纪伟大的航天工程学家西奥多·冯·卡门教授

大名鼎鼎的冯·卡门教授出生于 1881 年的匈牙利，1902 年毕业于约瑟夫皇家工业大学，两年后进入德国哥廷根大学深造，并获得了博士学位。他的导师是著名的"空气动力学之父"普朗特。在导师的帮助之下，冯·卡门提出了著名的"卡门涡列"理论，为空气动力学的推动和发展做出了极大的贡献。从 1926 年开始，冯·卡门着手研究空气动力中的"湍流"现象，并取得了巨大的成功。在此之后，他又去德国进行火箭考察，通过一系列研究与探讨，首次提出了导弹的概念，这为人类军事史的发展翻开了新的一页。

25 岁的钱学森抱着坚定的决心，穿戴整齐，带着简单的行李再次踏上旅程。这次他要从东到西横跨美国大陆，前往加利福尼亚州一个叫帕萨迪纳的小镇，拜见这位久负盛名的空气动力学家。此时的冯·卡门正担任加州理工学院著名的古根海姆空气动力学实验室主任和加州理工学院航空系主任，是公认的美国空气动力学泰斗。关键是钱学森还了解到这位导师以秉承德国式的理论思辨传统而著称，他强调的是纸和笔，而不是动手实践的经验。

事如所愿，钱学森竟然顺利地被冯·卡门这位以学风严谨著称的"超音速飞行之父"收作弟子。

钱学森因为获得名师的认可激动不已，迫不及待地将这一喜讯与自己要继续攻读博士学位，并改学航空理论的事写信告诉了父亲钱均夫。他在信中写道：

父亲大人膝下：

敬禀者，儿学森怀着异常兴奋的心境，向大人报告一个喜讯：我自10月份起，转学加州理工学院，投师于非常杰出的空气动力学权威冯·卡门。冯·卡门教授于加州理工学院主持航空学系。全世界的科学界对这位大师都极为向往。大师的治学态度极为认真，只有基础扎实、最守纪律的学生，如德国人、日本人和我们中国人，才有资格在他手下从事研究工作。总之，冯·卡门的谦逊和热情，对事业一丝不苟的态度，以及严谨的治学精神，皆给儿以很大影响。儿将追随这位大师攻读空气动力学，也将在这位大师身边度过对儿一生事业具有关键意义的时光……

很快，钱学森就收到父亲的回信。出乎意料的是，自己由航空工程改学航空理论的选择遭到了父亲的强烈反对。老人在回信中写道：

重理论而轻实际，多议论而乏行动，是中国积弱不振的一大原因。国

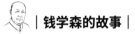

家已到祸燃眉睫的重要关头，望儿以国家需要为念，在航空工程上深造钻研，而不宜见异思迁……

可见，在这位老人眼里，中国知识分子的最大问题就是空谈误国，航空理论不能解救危亡的中国。1936年时下中国时局的变化更令他忧心忡忡。

继1931年"九·一八"事变中国东北沦为日本帝国主义的殖民地之后，日本侵略者对中国的领土步步紧逼，把侵略魔爪已经伸向了华北地区。日本政府肆无忌惮地叫嚣："日本是亚洲的主人"，吞并中国之心昭然若揭！身为爱国知识分子的钱均夫，目睹祖国山河破碎，民族危亡，终日食不甘味，夜不安枕。他迫切希望儿子能早日学成归来，多造飞机，抗击日寇，报效祖国。但是，儿子却突然间改学了航空理论，这令钱均夫大为失望，一时无法接受。为了阻止儿子的选择，钱均夫想到了他的好友蒋百里。

毕业于日本陆军士官学校的蒋百里回国后，先后担任国民政府陆军部高等顾问、总统府军事参议、陆军大学代理校长等重要职务，是中国近现代一位有重要影响的军事思想家。但是，中国贫弱的国力和落后的军事实力只能使这位心雄万夫的职业军人壮志难酬。

1936年，抗日战争爆发前夕，蒋百里前往欧洲考察军事，主要任务是了解各个国家对德、意、日三国日益暴露的侵略野心和侵略行为及其严重后果的看法，以及可能采取的对策。在办完访问事务之后．会路经美国。钱均夫希望这位好友能劝说钱学森改变决定。蒋百里欣然答应。一是接受了好友的委托，去了解一下钱学森改学航空理论的详细原委，并尽力做些说服工作；二来蒋百里夫妇一直十分喜欢钱学森这个聪明懂事的孩子，也始终关注着钱学森的发展前程。

蒋百里来到波士顿，与钱学森进行了一次倾心畅怀的长谈。交谈中，蒋百里惊喜地发现，钱学森到美国一年多的时间，又有了很大的进步。他感到钱学森考虑问题不仅思路宽广，而且高瞻远瞩，在做出决定之前，一定是经过深思熟虑，知道为何要这么做，应该如何去做。这个年轻人的深刻和周密，已经远远地超过了他的同龄人！

至于为什么要改学航空理论，钱学森向蒋伯伯耐心地进行了解释和分析：西方国家航空工业十分发达，中国工业基础薄弱，如果从事飞机制造业研究，短期内很难超越西方国家。而如果掌握了航空理论，则能实现跨越式发展，完全有可能迎头赶上，甚至超越西方。

听完钱学森的分析，蒋百里觉得钱学森的说法十分有道理，此次欧洲考察，他也目睹了德国空军力量的迅猛发展，意识到飞机发展的广阔前景。他默默地看着这个年轻人，似乎已经能够看到他不可限量的前景！

蒋百里对钱学森说："你的想法是对的，我非常赞同。航空不仅是你一个人的梦想，而且是民族和国家的梦想。你只管在这里好好求学，你父亲心中的疑虑，相信我会想方设法说服他的。"钱学森面对这位眼光高远的长辈给予的理解和帮助，感激之情无以言表。

蒋百里回国后，迅速把钱学森的情况和想法详细地告诉了钱均夫。在谈及钱学森改学航空理论的问题时，他直率地批评了老友：

你忽视航空理论是一个错误。按照英德两国航空工业发展的新趋势，工程与理论早已经一体化了，工程是跟着理论走的。而且，美国是一个富国，中国是一个穷国，美国造一架飞机如果有新的设想，能够立刻拆下来重新升级改造，而中国限于财力物力，不可能有这么大的气魄。因此，中国人学习航空工程，更应当在理论上多下功夫！

　　听了老友的一席话，钱均夫陷入了沉思。很久，他才默默地点了点头。他毕竟是一位开明的现代知识分子，一经点拨，审时度势，便从心底里解开了心结，理解了儿子的选择。从此，他对钱学森的学习给予了全力的支持。

　　研究方向的转变使钱学森的人生旅程发生了一次根本性的转折，也使得他此后在空气动力学研究和航空技术方面取得杰出成就成为可能。1937年，抗日战争全面爆发。1938年，蒋百里在陆军大学撤往贵州的途中不幸病逝。他未尽的理想也成为对钱学森的更多期许。

4

师从卡门

对于钱学森这样一个只在美国学习了一年、名不见经传的异国青年，大名鼎鼎的冯·卡门是如何慧眼识珠，同意接纳了这个学生呢？

原来，取得硕士学位后的钱学森了解到符合自己专业志向、可以继续攻读博士学位的加州理工学院，便抱着试试看的心态，希望能被获准跟随冯·卡门教授学习。他本可以先写信或打电话去探一探口风，但那不是他的风格。他决定直接前往加州理工学院，与冯·卡门教授亲自会面。

1936 年的秋天，钱学森横跨美国大陆来到了加利福尼亚州加州理工学院所在的帕萨迪纳小镇，去拜见那位从未谋面却久仰大名的大师。慕名而来 25 岁的钱学森站到了 55 岁的冯·卡门教授面前，礼貌地自我介绍："尊敬的教授先生，我是从麻省理工学院来的。我想由航空工程转学航空理论，也就是力学，请您告诉我，我的想法正确吗？"冯·卡门教授听完了这个年轻人的话，不禁露出了惊喜的神情。在他看来，一个进行技术工程研究的年轻学者不满足现有的专业知识，能够感悟到理论的重要性，十分难得，这正是有远大志向的表现。为了了解钱学森的专业功底，冯·卡门教授提

冯·卡门麾下的"火箭俱乐部"创始人弗兰克·马里纳

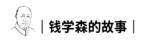

出了一系列的问题，钱学森都对答如流，反应之敏捷、回答之准确，令大师冯·卡门赞叹不已。他用惊讶的目光注视着这位头脑清晰、思维敏捷、才华横溢的中国学生，马上就高兴地答应了钱学森希望攻读博士学位的请求，接纳了这个令人喜爱的年轻人。在由冯·卡门教授口述、《华盛顿邮报》科学新闻记者李·爱德森持笔的冯·卡门传记《冯·卡门 航空与航天时代的科学奇才》详细记录了他们初次见面的情形：

1936 年的一天，钱学森来拜访我，向我征求关于未来研究计划的建议。这是我们的第一次会面。我抬起头来，对面前这个身材不高，神情严肃的青年打量了一下，然后向他提了几个问题，所有的问题他回答得都异常正确。顷刻之间，我就为他的才思敏捷所打动，接着我建议他到加州理工学院来继续攻读。

可以说，这是一次对两个人都有着深远影响的会见。从此，这对相差整整 30 岁的师生开始了他们之间近 20 年的友谊和合作。1936 年 10 月起，钱学森在冯·卡门教授的身边学习和工作，身份经历了一个"三部曲"——最初是教授的学生，并且成为得意门生；而后，是教授的助手；最后，钱学森成为冯·卡门在科学研究中最密切的合作者，甚至创立了用两个人的姓氏命名的"卡门—钱近似公式"。

在钱学森的成功的道路上，恩师冯·卡门教授功不可没。他对钱学森一生的治学和研究道路施以非常深刻的影响。在这位导师的引领和指导之下，钱学森在加州理工学院度过了一段愉快而充实的时光。

冯·卡门教授和他所在的加州理工学院都十分推崇创新精神。

创建于 1891 年的加州理工学院是一所私立大学。它从创建开始，只花了 40 年的时间，便从一所设在仓库里的职业学校迅速发展转变成为世界一流大学，堪称奇迹。整个 20 世纪 30 年代，加州理工学院吸引了来自全世界的著名科学家，并培养出许多科学新秀。在人才培养方面，它的办学宗旨是"为教育事业、政府及工业发展需要，培养富有创造力的科学家、工程师"，特别强调理工结合，培养的学生力求兼具科学家和工程师特质。加州理工学院注重理论研究和创造性思维的教学科研方式让钱学森如鱼得水。

加州理工学院

冯·卡门教授一贯重视创新。他始终认为创新是科学的灵魂，而世界上最容易的事莫过于踩着别人的脚印前行。同样答案的一份试卷，在冯·卡门教授的手中可能得出天壤之别的分数，尤其注重是否使用了具有创意的方法。冯·卡门曾经问学生："你们的 100 分标准是什么？"有学生回答："当然是全部题目都答得准确。"冯·卡门回答道："我的标准跟你们不一样。因为任何一个工程技术问题，根本就没有百分之百准确的答案。要说有，那就是解决问题和开拓问题的方法。如果有个学生的试卷对试题分析仔细，重点突出，方法正确，且有自己的创新，却因个别运算疏忽最后答数错了；而另一个学生的试卷答数正确，但解题方法毫无创造性。那么，我给前者打的分数一定要比后者高得多。"

另外，尽管钱学森是航空系的研究生，但冯·卡门教授鼓励他多去其他系听课，广泛摄取和学习各种有用的知识。所以，钱学森就常到物理系去听课，了解物理学的前沿，原子、原子核理论、核技术，当时的课堂上连原子弹也提到了。他听化学系系主任、诺贝尔化学奖得主 L.鲍林讲《结构化学》，甚至到生物系去听摩根讲遗传学。这些大师对这位航空系的学生去插班听课毫不排斥，最后都和钱学森成为挚友。

加州理工学院最常采用的教学方式就是举办学术讨论会，甚至可以说是学术争鸣会，或者干脆是争执、争论会。钱学森所在的团队在冯·卡门教授的领导下，往往关于一个问题争得面红耳赤，然后，各自回去整理、丰富自己的论点，忙到深夜，第二天运用思考深化后的设想继续开展争论。

在一次学术讨论会上，钱学森刚刚发表完自己的学术见解，便有一位长者站起来提出不同意见，但立刻被钱学森针锋相对地顶了回去。研讨会结束后，冯·卡门教授问钱学森说："你知道刚才反对你的那位长者是谁吗？"

"不知道。"钱学森摇头回答。

"喔，他就是航空界大名鼎鼎的大教授冯·米塞斯啊！"

钱学森在加州理工求学时加入的"火箭研究小组"在赛科河谷的火箭发动机试验场

"天啊！"钱学森惊讶地感叹道，"原来他就是当代的力学权威冯·米塞斯教授啊！"

"假如你知道他是谁，那你还敢进行辩论吗？"冯·卡门教授进一步追问道。

钱学森笑着说道："当天，我虽然不知道他是谁，可是我看得出来，他是一个权威学者。其实在学术问题面前，应当是人人平等的，这是您一再教导我们的。"

冯·卡门教授哈哈大笑，他非常赞赏钱学森这种精神。

在另一次学术讨论当中，钱学森与他的老师冯·卡门发生了争执。他坚持自己的观点，毫不退让。冯·卡门教授十分生气，他将钱学森拿给他看的论文稿往地上一扔，然后拂袖而去。老师走后，钱学森弯腰从地上捡起稿纸，心里却丝毫没有服输，在科学问题上，他决不会轻易放弃自己深思熟虑的观点。事后，这位世界权威教授经过思考，认识到在这个问题上，他的学生是对的。第二天早上一上班，他就亲自来到位于三楼一个角落的钱学森办公室，敲开门，恭敬地对钱学森说："钱，昨天的争论你是对的，我错了。"冯·卡门教授实事求是、虚怀若谷的治学态度使钱学森感动不已，终生难忘。

可以说，加州理工学院的学术民主空气极大地推动着他们的科学创新。钱学森常常在开展了一段时间的争论后就写成了一篇颇有创意的论文。虽然论文发表时署

1938年钱学森在古根海姆
实验室外留影

的是个人的名字，但他十分清楚，这些成果都是集体智慧的结晶。

科学的思维方法十分重要。冯·卡门不仅教给钱学森从工程实践中提取理论研究对象的原则，而且教会他如何将理论应用到工程实践中的方法。钱学森从冯·卡门那里学到了高屋建瓴地分析问题、提炼观点的能力。冯·卡门的治学精神与学术思想，促使钱学森形成了在日后几十年的科学研究中坚持采用和推广的基本方法。

冯·卡门不仅是一位科学大师，而且是一名组织能力极强的社会活动家。他特别注重和喜爱社会交往，并且善于与各方面的人打交道。在世界各地，冯·卡门熟悉的富翁、名流、权贵不计其数，但他绝不是嫌贫爱富的势利小人。他会毫不迟疑地将一个花匠介绍给显赫的将军或者科学家，对待他们从来都一视同仁。他同很多举世闻名的大科学家都有着频繁交流和密切交往，这为他们的科学研究工作带来了不少便利，这一点对钱学森也深有影响和启发，使得他在以后组织领导中国的国防尖端科技研究中获益匪浅。

1938年，钱学森和几位亚裔同事与冯·卡门及其妹妹的合影

钱学森来到加州理工之时，正是冯·卡门和其他一些学者携手开创理论天体物理学的新纪元的关键时刻。天时地利，钱学森有幸参与到这一创造过程中。如果说冯·卡门常常会灵光一现，看到整个理论的总体框架结构的话，其后钱学森则负责不厌其烦地用一行又一行的公式，对这个结构加以填补，使它

最终成立。钱学森的美国学生弗兰克·马勃常和他一起在冯·卡门教授的指导下工作。若干年后，他对冯·卡门和钱学森合作时的心有灵犀仍旧感叹不已：

他们经常能够想到一起，这是一方面，另一方面，钱学森工作起来非常地认真仔细，如果他说他将要研究什么，就会回到家坚持工作八个小时、十个小时。在工作完成之前，冯·卡门甚至都忘记了他让钱学森做什么。

这种信任和默契也让众人视线之外的钱学森似乎换了个人。外人看来不苟言笑、不爱与人交往的钱学森在老师眼里却是完全不同的一个人：

钱学森很喜欢到我家串门，由于他的见解幽默风趣，态度直率诚恳，因此我妹妹非常欢迎他。

多年之后，钱学森的夫人蒋英追忆往事，也对这对师生的深情厚谊记忆犹新：

卡门特别喜欢他，拿他当自己的儿子一样，看见他总是亲切地拍拍他。除了到卡门那儿去以外，他平常很少到其他地方去。除了个别懂音乐和画画的朋友，其他都是和他业务有关的。一般他和朋友来往得很少。

出于对导师发自内心的尊重，钱学森对冯·卡门敬仰万分，总是称他为"师尊"。冯·卡门知道，这可能是一个中国人对另一个人最恭敬的称呼了。钱学森经常回忆说：

我师从全世界著名的权威，工程力学和航空技术的权威冯·卡门。他是一位使我永远不能忘记的恩师！

这段师生情谊在冯·卡门心中无比重要。在他几十年后出版的自传《风云际会：西奥多·冯·卡门——航空和航天时代的科学奇才》(The Wind and Beyond：Theodore von Karman Pioneer in Aviation and Pathfinder in

Space）中，钱学森是唯一让他专门辟出一章来写的学生。他对这位学生兼合作伙伴的欣赏和喜爱禁不住溢于言表：

钱学森与我一道研究了很多数学难题。我发现他想象力非常丰富，不仅有着出众的数学天分，还擅长准确而形象地描述自然现象的物理性质。虽然不过是一个年轻学生，但在解决一些相当难的问题时，他却帮助我理清了不少思路。这种天赋甚是极其罕见的。钱学森和我顺理成章地成为了密切的工作伙伴。

这的确是一对性格迥异，但相互欣赏，又真正做到配合默契、教学相长的师生。冯·卡门常常在有观众在场时才思奔涌，而钱学森却与生俱来喜爱不受打扰的独自思考。在中国读书的那些年里，在麻省理工的短暂时光，以及在加州理工攻读博士学位的三年中，钱学森给周围人们留下的最主要的印象，都是一个自己待着思考问题时才最快乐自在的学者形象。在遥远的异国他乡，正是因为有了冯·卡门教授这位不可多得的大师级伯乐，他才得以愉快生活，学业有成，直至大展宏图。

也许所有深刻的友谊都源于灵魂深处的理解和契合。钱学森在加州理工的第二年，抗日战争在中国爆发，日寇的铁蹄践踏着祖国大地。冯·卡门完全能够理解钱学森的境遇，那时，欧洲的犹太民族也正饱受法西斯主义的荼毒，这也正是他背井离乡，逃奔美国的原因。国家和民族的相似命运，无形中将两人拉近。两个同样孤悬海外的游子，因为相似的命运遭遇而惺惺相惜，相互尊重，相互扶持。对于背负着屈辱并且发誓要告别屈辱的人而言，尊重是最大的理解和关怀。或许，正是这样的感情，让冯·卡门和钱学森在异国他乡的土地上，在一个尖端科学领域，携手开始了一个"卡门—钱"的时代。

5

"三年出货"

尽管备受导师冯·卡门教授的赏识，但是钱学森在加州理工学院学习生活也并非尽如人意。在那样一个年代，在美国的土地上，歧视必然是无处不在的。

前上海交通大学校长范绪箕恰巧与钱学森同一年到加州理工学院留学。他对当时的加州理工学院印象极为深刻的是：

加州理工学院的学生很少。而且那时候，加州理工学院是（存在）歧视的，既没有黑色人种，也没有女学生，清一色的白种人，都是男人。学校里，学生一共才有八百个人，教师也八百个人，研究生也八百个，（学校原来实行）三八制。所以一到放假，一进去静悄悄的。

当时，在加州学习的中国学生要想租到一间房子并不容易，因为很多房东认为房间里住进了一个中国人，其他客人就会望而却步，影响租房生意。当时，范绪箕出于无奈，只好花钱把一整套公寓都租了下来，于是钱学森就搬来和他同住。

美国学生也不失时机地发出各种冷嘲热讽。学校原先都是白种人的天下，看来了中国人，便当着钱学森的面，嘲笑中国人封建迷信，男人抽鸦片，女人裹小脚，是个落后愚昧的民族。平日沉默寡言的钱学森忍无可忍，拍案而起，他严肃地说："国家与国家之间相比，我们中国是比你们美国落后，可是我们中国人和你们美国人比，一点儿也不会比你们差，不信，咱们学期末看谁功课好！"

一种强烈的民族自尊牢牢地占据着钱学森的心，成为他巨大的学习动力。因此，这些歧视与偏见不仅没有对钱学森造成负面影响，反而激励着他重新拿出了在上海交通大学学习时练就的苦读功夫。博士一入学，他就开始废寝忘食地读书，立志读完全世界现有的航空学著作。数十年之后，钱学森回忆说：

在加州理工学院的第一学年，我收集了可能找到的全世界所有与航空学有关的研究资料，系统性地加以阅读。每天花在读文献上的时间，平均超过 10 小时。

在第一学期，他因为总是埋头苦读，几乎很少与同学打交道，常被看作校园里的一个神秘人物。但是同学们也注意到，课堂上的钱学森总是能提出最为切中要害的关键问题，尽管旁人听得一头雾水，授课的老师却常常频频点头，露出十分满意的神情。

钱学森的博闻强记、聪颖好学给教授和同学们留下了深刻的印象。冯·卡门教授这样回忆道：

记得有一次，物理系的著名理论物理学家保罗·爱泼斯坦对我说："你的学生钱学森在上我的课。他非常出色。"我回答道："啊，他是不错。"爱泼斯坦眼中略带促狭地对我说："告诉我，你觉得他是不是有犹太血统？"

冯·卡门教授可不这么认为，他对钱学森有着特殊的感情，有一句话是他经常挂在嘴边的："世界上有两个最聪明的民族，一个是匈牙利，一个是中国。"

钱学森发现，冯·卡门带到加州理工学院的德国式航空学研究方法——严格应用基础的数学和物理法则去解决基本的工程技术难题——与他恰好脾胃相投，这使他大有如鱼得水之感。

钱学森具有的惊人数学才能，颇受冯·卡门教授器重，但钱学森总觉得自己的基础还比较薄弱，在国内只学过与工程专业有关的课程，无法适应现代科学技术的要求。钱学森在冯·卡门教授指导下做博士论文，专攻高速空气动力学，这是科学领域中最尖端的课题。因为当飞机飞行速度接近声速时，受到的阻力猛烈增加，支撑飞机的上升力骤然减小，舵面会

1938 年钱学森在加州理工学院留影

出现失控，机身、机翼会发生抖动现象，假如不从理论上和实践上解决这一问题，实现人类突破"声障"的理想是不可能实现的，而要攻克这一难题，没有精深的数学、力学基础就难以完成。

整整三个寒暑，钱学森心无旁骛，埋头苦读。他不仅遍阅空气动力学的文献资料，还对相关的现代数学、偏微分方程、积分方程、原子物理、量子力学、统计力学、相对论、分子结构、量子化学等学科理论都进行了潜心的研究，力求既掌握空气动力学的理论基础，又了解这门科学的学科前沿，为攀登理论高峰做足准备。

钱学森将自己这种学习方法称之为"三年出货"，他后来说：

有些年轻人觉得三年出货太慢，很着急，可是，做研究工作性急是不行的，基础打得不牢，总是要吃亏的，一定要积下足够的看家老本。

这样的研究方法，钱学森认为是很值得的。因为他深知"磨刀不误砍柴工"的道理，有了坚实的基础，才能举一反三，触类旁通，将来再遇新的课题就不再需要这么多时间了。几年后钱学森研究航空结构，只用了一年时间就得到了突破性的进展。

钱学森的研究方法得益于冯·卡门教授。冯·卡门在审阅论文的时候，常常是自己事先并不知道论文的内容，但当他拿到论文之后，总是先细看第一页，继而快速浏览中间部分，最后仔细阅读结论。而就是这么一个快速短暂、提纲挈领式的研究过程，已经足以使他能一针见血地提出问题，发表自己的意见了。刚开始钱学森对导师这样的绝活儿感到十分神秘，其实这正是冯·卡门教授已经透彻掌握了一门学科的结果。渐渐地，钱学森自己也可以这样做了。在冯·卡门教授的指导下，钱学森苦战三年，不仅牢固掌握了这门科学的基本知识，而且已经在不经意间站到了这门科学的最前沿。

1939 年夏天，钱学森的博士论文通过答辩。他的第一篇论文是《可压缩流体边界层问题》。长期以来，人们认为飞行体周围的空气是冷的，钱学森的论文转变了人们的传统认知。他指出：在高速飞行状态下，由于摩擦作用，周围空气是热的，这就是后来人们说的"热障"作用。钱学森为撰写这篇论文，所记下的笔记就多达 450 页。他的第二篇论文是《可压缩流体的二维亚声速流动》，以崭新的近似方程式解决了飞机在高速飞行时壳体会发生变形的数学难题，这个算式被广泛地应用于飞机的设计，这就是科学界著名的以钱学森和导师冯·卡门名字命名的"卡门—钱近似公式"。这使得 28 岁的钱学森从此声名鹊起。

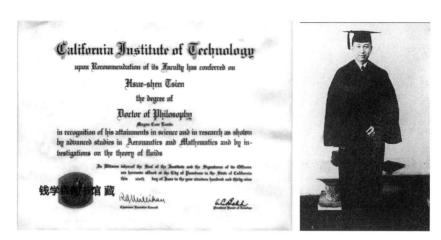

钱学森的博士毕业证书和毕业时的照片

自尊、勤奋、好思、严谨、聪明——这是三年苦读的过程中，钱学森给所有的老师同学留下的深刻印象。由此，年轻的钱学森不仅取得了航空、数学博士学位，还收获了"世界著名空气力学家"的殊荣。他在加州理工还获得了一个外号"the son of heaven"，意思是"天之子"。曾经在古根海姆实验室空气动力学实验室学习过的美国加州大学教授冯元桢每天都会去实验室，他真切地感受到了钱学森当时在加州理工学院的地位和所受到的尊崇：

他的办公室就在走廊的头上，能清楚地看到来往的学生，当时，大家都很"怕"他，（确切地说）不是怕，就是尊重他。

1939年6月9日，钱学森在加州理工学院戴上了博士帽，摆在他面前的是"讲师—副教授—教授"的执教坦途。1940年，钱学森开始成为冯·卡门的助手，帮助导师开展指导研究生论文的工作。而就在这一年，钱学森收到清华大学导师王助的来信，希望他能尽快回国工作。因为按照当时清华大学公费留学生的规定，在美学习期限不得超过三年，而此时，

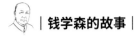

钱学森已在美国待了五年。虽然完成学业后的钱学森也很想回到祖国去，但导师冯·卡门非常欣赏自己的这个学生，不仅对他极力地挽留，而且还凭自己的"特殊身份"找王助教授"走了后门"。原来，冯·卡门教授曾经担任过管理庚子赔款奖学金项目的清华大学的学校顾问，他亲自致函王助教授，要求再留钱学森一年。他的理由是：这样做，更有利于中国航空事业的发展。他的话被事实证明是完全正确的。

就这样，钱学森开始了他在美国的科学研究之路。

第四章

终身教授

在冯·卡门教授的极力推荐下，钱学森成为当年
麻省理工学院最年轻的正教授，那时他36岁。

1

出入五角大楼的空军上校

在加州理工学院博士毕业后，钱学森追随师尊冯·卡门进入五角大楼工作，担任科学顾问，可以参与海陆空三军、国防部、科学研究发展局等一切国防军事机密。

有人不禁会问，美国为何会允许一个没有美国国籍的中国人参与到如此机密的项目中？

美国人从来不可能如你想象中的大度，钱学森能参与到美国军方的绝密项目，根本原因只有一个，就是：这个中国人实在是太优秀了！鉴于他的特殊价值——在火箭研究方面掌握的专业知识、能力及其非凡的成就，不得不让他加入进来。其实，1940 年，钱学森曾因其侨民身份被迫退出美国火箭研究小组，时间长达一年多。但是，太平洋战争爆发后，因中美共同抗日的战略联盟需要，钱学森才获得了参与美国机密研究计划的资格。1942 年 12 月 1 日，在冯·卡门的推荐下，经美国宪兵司令部国内安全局人事安全分局局长巴特尔上校安全审核，钱学森获得了保密许可证，获准参加陆海空三军、战争部和科学研究发展局等一切军事机密的研究工作。他陆续承接了军方多项研究任务。

钱学森在美使用的胸牌

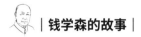

切斯特·哈瑟特是钱学森的学生，同时也是科学顾问团的同事。他清楚地记得并描述了他们当时在五角大楼的日常工作：

在五角大楼时，钱学森通常总是在忙着写报告。每天早上，我们总是共同执笔，讨论彼此的想法，然后再与其他专家交换草稿。我们写的那些东西，都相当有争议性，因为我们在预测未来。中午，我们在五角大楼的餐厅共进午餐。通过一起吃午餐的机会，我得以真正地了解钱学森。在五角大楼的他，比当教授时和蔼可亲多了。他是个十足的绅士，非常有礼貌，非常客气。

就在这段时间，钱学森完成了《军事飞行器未来发展趋势报告》的大纲。这份长篇报告讨论了飞行器的不同推进和控制方式，还探讨了高速空气动力学问题。

二战期间，德国在火箭武器的研制方面走在了美国人的前面。他们不仅在占领的法国北部海岸建立了秘密研制发射基地，1944 年 9 月还准确无误地轰炸了英国首都伦敦——一枚穿越英吉利海峡的火箭准确地命中了目标。1945 年 3 月，欧洲战场上的法西斯军队全面败退，美国和苏联开始了对德国高科技成果的争夺。和苏联抢夺工厂设备不同，美国制定了一个抢夺德国科学家的秘密计划。就在第二次世界大战德国投降的前夕，阿诺德将军单独约见了冯·卡门，建议冯·卡门组织一个顾问团赴德国，调查德国航空核火箭研究的情况。

于是，"美国国防部陆军航空兵科学咨询团"应运而生，它担负着重

阿诺德将军约见冯·卡门

要历史使命：既是美国以战争胜利者的身份向全世界展示科学捍卫和平的正义力量，更是一场提前开始的战后世界顶尖科学家抢夺大战。冯·卡门教授决定邀请钱学森加入，成为咨询团的核心成员。为此，美国空军任命钱学森为上校，并给了他专家顾问的头衔。

二战结束前美国国防部陆军航空兵科学咨询团赴欧洲考察（右四为钱学森）

1945 年 4 月底，钱学森便以美军上校身份，随冯·卡门率领的科学咨询团一行 36 人，赴欧洲法国、比利时、荷兰、德国等国考察航空和火箭领域的研究情况，参与审问德国火箭专家，并撰写了多份关于德国火箭与喷气技术方面的报告。钱学森是其中唯一持外国护照的成员。

这项名曰"科学考察"的工作，其艰巨程度是临行之前的钱学森所始料不及的——他感觉自己的生活从来没有这样忙乱过，行程完全不可预测，很多时候，刚睡醒从床上爬起来，就要钻进颠簸的吉普车，向某个陌生的目的地进发。

德国从 1942 年就开始了远程攻击武器的研发，并成功研制发射了几千枚被称为"秘密武器"的 V2 火箭。但是，纳粹德国最后还是输掉了这场战争。在欧洲期间，钱学森随冯·卡门提审了很多著名的科学家，其中就包括大名鼎鼎的路德维希·普兰特以及德国火箭研制的最高权威沃纳·冯·布劳恩。

1945 年 4、5 月间，钱学森和冯·卡门在德国会见空气动力学家路德维希·普兰特（左一）

战后被俘的德国著名的火箭专家沃纳·冯·布劳恩手上还打着石膏

他们在哥廷根大学见到了冯·卡门教授的恩师路德维希·普兰特。他是著名空气动力学家，被誉为"现代空气动力学之父"，也是德国火箭研制的核心人物之一。这是一次充满戏剧性的尴尬会见。因为当年的教授已成为盟军的囚犯，而他的学生成了提审的军官。这次会见是世界空气动力学三代掌门人的难得聚首，但这三人竟有着完全不同的价值取向和历史际遇，就像冯·卡门在自己的回忆录中说的：

一个是我的高足，他后来终于返回中国，把自己的命运与红色的中国连接在一起，另一个是我的老师，他曾为纳粹德国卖力工作，境遇是多么不可思议，竟将三代空气动力学家分隔开来，天各一方。

而沃纳·冯·布劳恩是当时世界著名的火箭专家，也是德国 V1 和 V2 火箭的主要设计者。他们发现，在只有 33 岁的冯·布劳恩率领下，德国的火箭和超声速飞机方面的研究，已经远远走在了前面。他掌握的资料对于火箭的研发而言是十分珍贵的。战争结束后，冯·布劳恩不仅没有被送上军事法庭，还长期主持了美国的火箭导弹研制计划。钱学森钦佩冯·布劳恩的在火箭研究方面的成就，却厌恶纳粹德国的侵略行为。他对自己的导师说："我愿意向德国人学习，但不会跟他们握手。"

从德国回来之后，他重拾教学和研究工作。正所谓厚积而薄发，在多年不知疲倦地辛勤工作后，钱学森终于开始看到回报。1945 年 11 月，钱学森被由助理教授提升为航空系副教授。与此同时，在 1945 到 1946 学年度，钱学森在二战期

1945 年 10 月 11 日，钱学森参与研制的美国"女兵下士"火箭成功升空

间的技术贡献转化成了 3 本主要出版物：一是多达 800 余页的专著《喷气推进》，二是《开创新领域》系列报告，三是一篇关于"超空气动力学"的论文。这些著作为美国的军方和学术界带来了深远影响。

在以上三本出版物中，最引人注目的莫过于 1946 年 12 月钱学森在《航空科学杂志》发表的题为《超空气动力学及稀薄气体力学》的论文。他于 5 月 20 日提交了这篇论文，在半年之后得以发表。这是他在美国时发表的最著名的论文之一。在论文中，钱学森设计出了一整套全新的空气动力学公式，将空气的分子结构和气体粒子之间的平均距离等因素均考

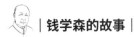

虑在内。就这样，他革命性地改变了空气动力学家思考高空高速飞行的方式。之后，这篇论文获得极大关注并被频繁引用。它奠定了钱学森作为美国最伟大的理论空气动力学家的地位。

第二次世界大战结束后的 1946 年 2 月 13 日，美国陆军航空兵司令阿诺德上将专门致信钱学森，表彰其在火箭和喷气推进等领域做出了"巨大而无价"的贡献。

1946 年 6 月 17 日钱学森（后排左二）在五角大楼

出席冯·卡门主持、20 多名科学顾问参加的美国国防部科学咨询团全体会议。

2
最年轻的终身教授

钱学森在科学界声名鹊起，1946 年，母校麻省理工学院决定向他发出召唤。与当年不尽愉快的学生时代相比，这次麻省理工学院对钱学森奉若上宾。航空系给予钱学森副教授的职位，并许诺随后转为终身教授。钱学森经过深思熟虑，出于对自身职业发展与完善的考虑，最终决定接受邀请。1946 年 8 月间，他正式辞去在加州理工学院的职位，整装东去，重返那所 10 年前欢迎过他，但又拒绝了他的地方。

秋风乍起的 9 月，钱学森来到波士顿，他在富人聚居的纽顿小镇租下了霍巴特路 5 号——一栋带有殖民时期风格的红砖小楼里的公寓。这个街区十分安静，街道两旁种着枫树、橡树和银杏树，一片金黄深红的秋色。

重返麻省理工学院的钱学森一边承担教职，一边继续从事科学研究。短短几个月，他就在美国《航空科学期刊》上发表了题目为《原子能》的论文，对原子能在航空航天上的应用进行了阐述。继而，他又在学院举办了一系列演讲，叙述核燃料助推火箭的设想和相关的工程问题，引起了广大师生广泛的兴趣与讨论。

1947 年 2 月，航空工程系主任杰罗姆·亨塞克请冯·卡门教授为钱学森转为终身教授写一封推荐信。冯·卡门教授在推荐信中写道：

钱博士在应用数学和物理领域知识解决气体动力学与结构弹性方面的

难题上，绝对是同辈中的佼佼者……他人格成熟，堪当正教授之责，同时也是一位组织能力极强的好老师。他对知识和道德的忠诚，使他能全心奉献于科学。这使他成为一个可以交付重任的人，我确信你也会同意这一点。

最年轻的终身教授

在冯·卡门教授的高度评价和极力推荐下，钱学森成为当年麻省理工学院最年轻的正教授，那时他36岁。

同年2月的一天，众多名师齐聚麻省理工学院航空系大楼。钱学森将在这一天做一次题为《飞向太空》的演讲。而此时，他升任终身教授的消息尚未公布。下午6时，院长亲自在航空系大厅接待各方来宾。他们中间有美国知名的火箭飞行专家，也有专程从哈佛大学、加州理工学院等著名学府赶来的知名学者，还有钱学森的同学、同事、同乡，更为特殊的是，还有来自华盛顿五角大楼的军方代表。这么多的学者、专家，尤其是军界要人，赶来参加钱学森学术演讲会，使会场的气氛变得非常隆重。的确，对于钱学森而言，这是他一生中非常特别的高光时刻。

晚上7点整，来宾们纷纷进入演讲大厅。他们发现一件有趣的事情，在每一位来宾面前的桌子上都摆放着一张卡片。在卡片上面印着：

请您猜一猜：由本院培养出的硕士生当中，哪一位荣获了本院最年轻的终身教授的桂冠？

此时大家并不知道钱学森升任终身教授的消息，因而都议论纷纷，进行着各种猜测。然而，谁也没有想到这个最年轻的终身教授就是眼前的这位刚刚做了一年副教授的中国年轻人。当谜底被揭开时，来宾们均被麻省理工学院大胆创举惊呆了。也许钱学森也不会想到，自己这个麻省理工历史上最年轻华人终身教授的纪录足足保持了 70 年之久，直至 2017 年才被打破。而打破这一纪录的，就是著名华人科学家张锋。

在大家一片啧啧赞叹声中，麻省理工学院院长、该院航空系的主任和钱学森三人缓步走向主席台。来宾们立刻报以热烈的掌声，表达他们的祝贺之情。钱学森精神焕发、笑容满面地向来宾们频频颔首致意，表示感谢。

院长第一个走向发言席。他庄严宣读：

"钱学森教授，男，1911 年 12 月 11 日出生，1934 年于中国上海交通大学毕业；1936 年在麻省理工学院以优异成绩获取了硕士学位；1939 年在加州理工学院以同样优异的成绩获得博士学位。现在，我们年轻的钱学森教授要将我们带到太空去，那就请大家尽情地畅游一番吧！我尤其要提醒各位女士、各位先生，演讲会结束之后，请大家共进晚餐。祝大家愉快。谢谢！"

院长风趣而又简洁的"开场白"令会场的气氛变得轻松而热烈。

当钱学森正式开始演讲时，大厅的灯光渐渐暗淡了下来。钱学森用很简练的语言对人类探索宇宙的远景进行一番描述后，悬挂在演讲台正中央的白色屏幕被照亮了，听众的目光聚焦于此。随着钱学森的讲演，屏幕上的彩色画面在不断地变化着——

在模拟的高大的发射架上矗立着一枚巨大的三级火箭；火箭被点燃后，霎时间浓烟滚滚，刹那间，火箭拔地而起，直射天空；飞行当中，一

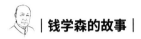

级火箭燃料燃尽后，自行脱落；紧接着，二级火箭点火、喷射、自行脱落；又见第三级火箭喷着烈焰，把一只飞船模型推入太空。飞船摆脱了地球的引力，开始了太空漫游……

钱学森的演讲新颖生动，整个会场安静地沉浸在他营造的迷人太空之旅之中。尖端科技的未来，把听众带入了太空时代，此时他们的心中燃烧着遨游太空的热望与激情。

演讲刚一结束，会场的灯光同时放亮，大厅里爆发出热烈的、经久不息的掌声。院长兴奋地走向前去，热烈拥抱钱学森，祝贺他的成功。

当年在麻省理工学院，每个系通常只有 2 至 3 名终身教授，因此，晋升为终身教授的人必然是科研成果十分丰硕，并且担任副教授不少于三年的人。而在当时美国的学院里，大多数教授必须从事 20 年以上的教学和行政工作才能得到这个职位。也正因如此，在麻省晋升为终身教授就成了一件了不起的大事情，学院总要以隆重的方式表示祝贺。

此时的钱学森，作为第一个走进麻省理工学院终身教授行列的中国人，第一个在这种场合做演讲报告的中国人，心中充满的只有无比的民族自豪感。

3
"恐怖的暴君"

二战结束，麻省理工学院的学生纷纷回到校园。1946 年，在校人数达到历史最高水平，拥有超过 2000 名本科生和 800 余名研究生。此外，政府的研究经费大量涌入，教授们不仅能够招收研究生和研究助理，还可以招募到许多工程师来校进行博士后研究。这样的急速扩张以航空工程系表现得最为显著。这不仅因为航空是 20 世纪 40 年代的热门专业，另外，钱学森的到来，也使许多学生对航空工程系趋之若鹜——此时的钱学森已经大名远扬。

校友鲍勃·萨默斯回忆道：

当我们知道钱学森要来的时候，大家都相当兴奋，因为他可是一颗正在上升的学术明星。

1947 年春季学期，钱学森在麻省理工学院开设了他的第一门课。这是一门面向 30 多名航空系研究生开设的关于可压缩流体的基础课程，教学内容还包括了对钱学森个人的一些研究工作及这一领域其他前辈大师所做工作的回顾与解释。

当钱学森第一次大步流星地走进教室的时候，他的学生们都非常吃惊。因为这个小个子中国人，看上去并不比他们年纪更大，像个二十几岁的年轻人。

身高 168 厘米的钱学森当时体重只有 56 公斤，说起话来慢条斯理，比起他的许多身材高大的美国弟子，的确显得矮小柔弱很多。在学生们的记忆中，这位钱教授总是西装革履，打着领带，穿着十分正式。学生们当然知道人不可貌相，眼前这位就是冯·卡门大师的得意门生、大名鼎鼎的钱教授，能跟着他学习，绝对是一件令人兴奋的事情。

然而，这种兴奋的感觉并没能持续多久。尽管学生们当初选择素有"理工地狱"之称的麻省理工时，已经做好了面对激烈竞争的思想准备，可他们显然还没有准备好如何接受钱教授的教导。也许学生们对大师的期待不合理地包含了"春风拂面"抑或"轻松幽默"的教学风格，而事实令他们大失所望——很快，他们的兴奋就让位给了莫名的恐惧。

这个小个子中国教授的授课风格，让他的课堂变得恐怖无比——钱教授出的那些难得要死的考题，打的那些惨不忍睹的分数，以及让人两腿发软、毫不留情的评语，令许多学生直到半个世纪后仍然记忆犹新。

在《星期六评论》（Saturday Review）杂志上，可以找到一段对钱学森教学风格最生动形象的描述文字，出自钱学森教过的学生埃德加·基茨：

既没教科书，也没讲义，更没有实验室。我们所拥有的，只是钱博士和挂在教室四壁的大黑板。钱博士大量地、充分地、迅速地使用着这些黑板，而我们尽可能跟上他的速度在后面狂抄。黑板上一个字都没有，全都是数学符号。

可以说，这段文字描述中钱学森的课堂教学风格与他一以贯之对待科学严谨冷静的态度和沉默内向的个性十分契合。

每堂课前，钱学森都会把自己关在办公室里，在黑板上"疯狂"写板书。从门前经过的人可以听见粉笔吱吱作响，几个小时都不停下来。而后，胸有成竹的钱学森便会在上课铃声响起时悄无声息地准时踏进教室的大门。

两个小时的课通常是这样的：

面对学生，他总是省略任何寒暄和开场白，直接转身走近教室前方左端的黑板，嘴里念叨着："让我们开始……"，随即用清晰坚定的笔迹写下一个等式。然后，在等式下面再写下一行。就这样背对着学生，一行又一行，直到黑板写满。当然，他写些什么，学生们完全看不见，因为黑板上的字都被他的身体挡住了。而钱教授专心写板书，一言不发，大家只好面面相觑。只有等他走向下一块黑板时，学生们才有机会开始疯狂抄写露出来的部分，不然就赶不上在第二轮板书写完前抄完，钱教授会无情地把黑板逐一擦干净。偶尔，他也会给学生们一些提示，让他们知道接下来要做些什么。当然，这些提示总是言简意赅，比如"积分""微分"，学生们不管三七二十一，得赶快把这些提示写在公式旁边，根本没有时间弄清楚这个提示说的是刚刚写完的公式，还是马上要写的一条。大约这样写了20分钟，钱学森会退后一步，看一眼黑板，然后说："这中间有着非常重要的关系。"也不会多说一句，解释自己为什么这么说。在学生们跟上他的思路之前，他便又开始在黑板上写起来。课间休息时间一到，钱学森就会径直走回自己位于三层的办公室里，关上门，研读第二个小时的授课内容笔记。随后再回来，接着再写一个小时。下课铃声一响，他便一言不发，走出教室，学生们能做的就是把黑板上的公式抄完。钱教授的课没有家庭作业，只有那些从课堂上抄下来的有待解密的公式。无计可施的学生们只好在晚上举行小组讨论会，试图理解这些符号的意义。

他们从来没见识过这样的教学方式。两次课下来，他们发现要搞懂这

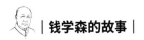

几黑板的公式并非易事，而他们的钱教授也好像丝毫没有要帮忙的意思。第三次课上，终于有一个学生忍不住打断了钱教授："钱博士，我没搞明白你是怎么推导出压力和体积之间的关系的。"

钱学森停住了手中的粉笔，回过头来问："你好好上课了吗？"

"当然！"提问的学生赶紧答道。其实，钱教授那具有穿透力的目光，已经令他双腿发软。

"那你就应该明白。"钱学森语气平静，说完就转过身去，继续在黑板上写起了公式。课堂里的空气几乎要凝结起来了。于是，没人再敢问什么。学生们暗自觉得，也许这个钱博士心中根本无法忍受笨蛋。

就这样，对学生们来说，钱学森的课堂大多数时候只回响着粉笔敲击黑板的声音，教学语言就是大量纯数学公式猛烈地、无条件地单向输入。你得拼命把这些公式抄下来，并试图弄懂它们，还要对教授偶尔的提示心领神会，否则，你会充分感受到来自教授发自内心的鄙视——这样的课堂氛围可以想见，简直是无声的暴风骤雨，实在是太恐怖了！钱学森教学上的专注投入、集中轰炸式的教学风格和求全责备的天性显然是吓坏了学生。

钱学森偶尔缺课，但对缺课的理由从不予以解释。"周三不上课。"他说完这句就再无下文。当然，也没人替他代课。他的"神秘"举动引发了学生们的各种猜测。有人说，估计是没有教授敢来代课，因为没人能取代钱学森。也有人认为，钱学森之所以会不来上课，是因为要在五角大楼的高层会议上提交机密技术论文。

期末将近，所有人都知道，最可怕的考试来了。钱学森绝口不谈与考试相关的一切问题，只撂几句"建议"："如果你们真的理解了，那就不会有麻烦。""你要足够聪明，才能看得出他在题目里绕的弯子。"结果证明他说的没错。满分100的试卷，最高分22分。得了最高分的学生被大家公认为绝顶聪明，后来成为了一名麻省理工的教授。

令学生们崩溃的是，当时钱学森所教授的这门课程并没有教科书可供参考，只有一些过了时的德国著作。一门课上下来，学生们手里只有一本厚厚的写满了各种符号的"天书"笔记。然而，就是这份钱学森所准备的教案，却为未来研究压缩流体的学生留下了永久的参考资料。

一个好的科学家不一定是一个好的教师。钱学森只是不自觉地用自己多年来高度自主和勤奋钻研的学习习惯来要求学生罢了。当然，他的教学风格肯定难以得到学生们的理解和认同，于是连带着对他的为人也形成了刻板印象。在学生们的评价中，充斥着各种负面评语，什么自我、不合群、冷漠傲慢、没有人情味儿、思想顽固、一意孤行等等。其实，鉴于钱学森内敛的个性，学生们与他的接触并不多，对于学生们来说，他就像一个谜。这样的评价都是凭借印象的推断而已。用学生克劳德·布伦纳的话来形容他在学生心中的形象："作为一名教师，钱学森简直就是一个暴君。"

在学生眼中，钱学森也许是个糟糕的老师，但没人敢否认，他是一个严谨而专注的杰出科学家。对此最有发言权的当数与他接触得最多、也最了解他的教学研究助手莱斯利·马克。

马克是一个高高瘦瘦、有点儿驼背的博士研究生。在他的记忆中，钱学森是个将自己的全副身心都投入到工作中去、尽职尽责的教授。而且，他自然地希望和要求自己的助手和学生也能和他一样地专注与投入。如果做不到，常会惹得他勃然大怒。

有一次，钱学森让马克进行一些关于涡轮鼓风机的计算。马克坐在办公室里连续认真计算了一上午，到了中午，他暂停了手上的工作，去吃午饭。当他回来的时候，钱学森十分生气，对这位"不尽职"的助手大加斥责："你算哪门子的科学家，居然在计算进行到一半的时候去吃饭！"

受到斥责的马克并没有因为导师的不近人情而生气，因为他深知钱学森的为人，并对老师在学术上的勤奋深感钦佩。他清楚地记得，当钱学森受邀为教科书《空气动力学基础》撰写部分章节时，每个星期用的都是自己在家中休息的时间，并且每周准时交出的都是一章誊写得整整齐齐的文稿。要知道，以这样的速度撰写关于一门新学科的技术资料，实在是有些惊人。这本书本来计划于1950年出版，但实际的付梓时间却是1958年。这对于由多名作者合著的教材来说非常常见，而其中能按时完成书稿的，钱学森是为数不多的一个。

尽管当时学生们对这位钱教授颇有微词，甚至充满了抱怨，但大家从心底里还是承认，这是一位值得尊敬的教授，尤其是在之后的研究和工作中，就更加深刻地意识到，学会他努力教给大家的那些东西是多么重要。正如他的学生利奥·塞尼克所说："上钱学森的课对我职业生涯头10年的价值，不可估量。"

4
重返加州理工

1947 年，就在重返麻省理工执教并获得终身教授职位后，钱学森曾经得到了一个回国任教的机会——担任他的母校上海交通大学的校长。他很认真地考虑了这个邀请。秋天，钱学森回国探亲。此次探亲之旅，自然也包括了他回国考察的计划，毕竟这是去美国 10 年后的第一次归国，对国内的情况其实并不了解。在钱学森的脑海中，二战已经结束，日本也已战败投降，此时的中国必将进入一个加紧建设的时代。国家将会急需顶尖的工程师和科学家，以及像自己这样在美国接受教育、在航空领域拥有一些造诣的华人教授。想到即将回国任教并管理一所大学，就像当年许多导师对自己不倦教诲一样，可以影响到几代中国最优秀的工程专业学生，甚至带来航空工业的一场革命，钱学森就感到无比的激动和兴奋。那样的成就感足以令他放弃在美国奋斗得来的一切，留下来为国效力。

但是，归国后的所见所闻令他大失所望。结婚典礼后，钱学森和蒋英来到北京拜访他们的师友同学时发现，在多灾多难的祖国，在那样的时局下，科学家只不过是统治当局的装饰品。特别是在上海，钱学森了解到与自己一起留美的植物学家殷宏章的处境，久久不能释怀。殷宏章就是在完成了博士工作后，拒绝了加州理工学院的邀请，一心回国。但是，当时国民党统治腐败不堪，物价飞涨，民不聊生，殷宏章虽在北京大学任教，但是夫妇俩和 5 个子女的生活甚是艰难。经过了再三考虑，钱学森认为回国的时机并不成熟，他决定返回美国继续他的喷气推进技术的研究。

1955 年钱学森回国后去中国科学院上海分院拜访植物学家殷宏章（右二）

其实，还有一个问题一直困扰着钱学森，就是他与麻省理工之间似乎存在着某种先天的"性格不合"。虽然他成为麻省理工学院历史上最年轻的终身教授，却始终觉得自己和这个校训为"手脑并用"（Mind and Hand）、更加推崇爱迪生而不是爱因斯坦的学院气场不对。他曾对自己的好友说："老实说，我在这儿待得并不满意。"

这显然不是一个孰对孰错、孰好孰坏的简单问题。也许麻省理工校友吉姆·奥尼尔的话可以一针见血地指出原因："钱学森不是一个工程师，他是一个科学家。"正因为始终坚持一个科学家对基础理论严谨性和精确性的执念，钱学森才对一切不重视理论或者理论上的任何错误与不严谨无法容忍。对于那些他认为理论上不够严谨的人，钱学森的态度尤其尖锐。

这种理念上的冲突在麻省理工的研讨会上体现得最为明显。研讨会的目的本来是促进学生、教授和访问学者之间友好的意见交流。但钱学森却总是坐在房间最后，手里翻看着什么。每当发言者犯错误时，钱学森便会从房间一端，不留情面地指出错误。显然，钱学森还是更加怀念和推崇加州理工那种坦诚开放的研讨氛围，会不自觉地想把它带到麻省理工来。但在麻省理工的同事和学生眼里，这就是对发言者的一种极端挑剔和严苛。

只有了解他的助手莱斯利·马克明白，钱教授这样做并不是为了显摆自己，更不是为了羞辱发言者，而是他的标准太高了。在科学问题上，他习惯于毫无顾忌地表达自己的看法。很不幸，不管他是否有意为之，对他的同事们来说，他的言辞还是显得太过尖刻了。

事实上，因为麻省理工，尤其是航空工程系多年来重工程轻理论的传统，使得很多资深员工的学历并不高，其中一些人仅有学士学位，甚至有人根本没受过大学教育。在他们那一代，航空工程师主要是探险家和飞行员，而不是数学家。因为你即便掌握了全世界所有的数学技巧，也未必能满足"造出实用的东西"这个要求。再加上，当时航空领域还是一门新兴学科，根本没有相关的大学课程存在。航空系里像夏茨维尔·奥伯和奥托·科彭这样的老一辈，根本对科学没什么概念，甚至认为冯·卡门那一套学术理念与造飞机毫无关系。可以说，钱学森与他们之间不仅存在智力上的鸿沟，而且还有个性问题。钱学森对使用数学分析方法预测物理现象的执着观念，使得他几乎成为一个"异类"。

在麻省理工，钱学森除了傲视群雄的科研实力，在教学和人际方面不受欢迎，还有一个重要的原因就是，很多人根本没有机会了解他。

在麻省理工有一个传统，研究生院的学生每个月可以邀请一位教授与他们共进晚餐，讨论他所在领域的职业前景。航空系的研究生们已经邀请过了除钱学森外的所有教授，却犹豫着不敢向钱学森发出邀请。顾虑是很明显的——我们可以邀请钱学森吗？他会来吗？思忖再三，学生们最终还是战战兢兢地向他发出了邀请，而钱学森真的来了。完全出乎大家的意料，钱学森与学生们共进晚餐时显得非常健谈，也相当和蔼可亲，甚至可以说是平易近人。当谈及职业规划的时候，他开诚布公地给了大家很多中

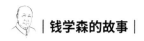

肯的建议。这位钱教授一点儿都不像此前担心的那样冷若冰霜，说话大兜圈子或是干脆冷嘲热讽。经过了这件事之后，学生们发现，钱学森其实是个相当有人情味的人。

在麻省理工对钱学森持正面评价的，主要是那些了解他的为人以及能够认识到钱学森授课内容重要性的人。多年后，很多校友指出，当时除了在加州理工，还没有一所大学可以像麻省理工一样，能够开如此深入和理论严谨的压缩流体课程。当然这都是拜钱学森所赐。

至于钱学森的个性，是他在常年的学习和研究过程中慢慢养成的，也与他的科学家职业高度统一。我们在生活中，也常常可以碰见这样的科学工作者：特立独行，不喜欢复杂的人际，也不喜欢行政职务，更愿意在教研中投入全部精力。多年以后，钱学森回到祖国，就曾经多次写信给上级部门，婉拒各种行政职务。

总的来说，在麻省理工期间的钱学森虽然成就斐然，却过得并不开心。

冬日来临，钱学森坐在书桌前，眼望着窗外雨雪霏霏的波士顿，提笔给好朋友弗兰克·马里纳写信。在信中，他再一次忍不住表达了自己对这个城市坏天气的抱怨："昨天下了一整夜的雨，天气一下子就凉下来了。我想在帕萨迪纳，一定还很暖和吧。"尽管这个城市给了他对美国生活的第一印象、硕士学位以及第一份教授职位，但是与四季分明的波士顿相比，他显然更喜欢加州四季如春、花香四溢的帕萨迪纳小城，那里和自己的家乡杭州颇有些相似。

与此同时，令钱学森觉得更有归属感的加州理工学院在向他不断抛出橄榄枝：1万美元的年薪，可以雇用一个助教，并每年提供3个奖学金，为期 7 年总数 50 万美元的研究基金，7 年后无条件转为终身教授。更重要的是，他将坐进他的导师冯·卡门曾经坐过的办公室，主持喷气推进实验室（Jet Propulsion Laboratory，简称"JPL"）的工作，将他读博士期间和马里纳等一众好友关于超音速远程火箭的前卫科学设想付诸实现。

钱学森决定回到内心中让他更亲近的加州。那里有他的老师、同学、朋友，看上去一片光明的事业前景，温暖宜人的气候，就连不能再每周欣赏波士顿交响乐团演出的遗憾也很容易弥补：他可以仍旧像学生时代那样，开车到不过十几公里外的洛杉矶听洛城交响乐团的演出。虽然没有他喜欢的库塞维茨基（Serge Koussevitzky），但华伦斯坦（Alfred Wallenstein）也足以娱心。

然而，在信的结尾，他仍然表达出无限的迷茫：

我真的不能确定自己的未来会如何，但或许，没有任何人能确知自己的未来。

1949 年，钱学森在麻省理工任教 3 年后，重回加州理工。

回首钱学森在美国的人生历程——在麻省理工学院航空工程系只待了一年，一拿到硕士学位就转入加州理工学院，在那里学习工作了 10 年，再回麻省理工，但只停留了 3 年，便又回到加州——南北东西，仿佛是"人生如转蓬"的注解。要知道，在美国的院校体系中，麻省理工和加州理工这两所分别地处东海岸和西海岸的学校在学术研究方向上既

1949 年回到加州理工学院任教的钱学森和学生弗兰克·马勃（左一）等在一起

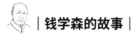

有众多相近之处，又风格迥异。两校的教授间、学生间进行着各种形式的比拼竞争，已经形成了传统。局外人看来，钱学森十几年的求学和工作经历似乎表明他有着某种特殊的能力，使他能在两校之间游刃有余、进退自如。

1949 年于加州理工学院授课的钱学森

其实，与其说钱学森长袖善舞，倒不如说，这个瘦小沉默的青年人只是因为极端专注于自己的科学天地而无暇他顾。他的天分和家世像是为他筑起了一道屏蔽大部分俗世喧嚣的高墙，他这个总是考第一的完美主义者几乎拥有贯彻终生的孤独。学生时代起，他就过着斯巴达式的生活，早上 6 点起床，除了上课和做实验，一天中的绝大多数时间独自泡在图书馆，很少与人交谈。1947 年 9 月回上海探亲时与蒋英结婚之前，钱学森一直单身，从无绯闻。他最喜欢的图书之一就是梭罗描写自己隐居生活的《瓦尔登湖》，娱乐爱好是听古典音乐。波士顿交响乐团 1935 到 1936 年一共举行了 20 场演奏，钱学森一场都没有错过。在别人眼里，他也许天真、不通人情事理、随心所欲、较真犯轴、就事论事而不考虑种种环境因素，以自己的价值判断和重要性标准衡量取舍。而实际上，这恰恰是他的专注和心无旁骛给人留下的印象，在某种程度上甚至与他的成就互为因果。

5

琴瑟和鸣

1947 年对于钱学森是一个特殊的年份。这一年，他成功晋升了麻省理工学院的终身教授，同样在这一年，钱学森与昔日青梅竹马的"干妹妹"、留学德国、27 岁的女高音歌唱家蒋英喜结连理。这一年，钱学森尚未满 36 岁，作为终身教授，绝对称得上年轻有为，可是作为那个年代的新郎官，已经完全算不得年轻了。

自小分别之后，钱学森和蒋英又是如何再次相见，并缘定终生的呢？

他们的第二次见面是在 12 年后。1935 年钱学森考上了清华大学的赴美公费留学生。临行前，他来到蒋家，向长辈蒋百里辞行。听说干哥哥来了，蒋英连忙连蹦带跳地跑下楼，给这位喜爱音乐的哥哥弹起了钢琴。钱学森沉浸在蒋英美妙的琴声中，对她精彩的演奏报以鼓掌。

年轻美丽的蒋英

就在钱学森出国留学的第二年，蒋英就陪同父亲前往欧洲考察，并留在了德国，在著名的冯·斯东凡尔德贵族学校学习。1937 年，蒋英考入了柏林国立音乐大学声乐系。对蒋家这位漂亮而又有出息的女儿，钱学森的父母一直很在意，因为他们两家当年有约定，如果蒋英做不了干女儿，长大以后就嫁给钱学森。钱学森的母亲每年在蒋英生日的时候，总会送上自己精心准备的礼物，并念念不忘地再和蒋英确认一遍这个"合同"："别忘了，等你长大了，就是我的儿媳妇。"虽然钱夫人四十几岁便英年早逝，但钱学森的父亲同样没有忘记这个约定。1947年，在上海的钱均夫给远在美国的钱学森写信，要他回来看看。他已经十二年没有见到自己的儿子了。并且，他还有一桩心事未了，那就是儿子与蒋家的婚事。

钱学森就在这一年的秋天回到了上海。而在此之前蒋英也回到上海，并举办了自己的第一次独唱音乐会。因为1943年在匈牙利举办的国际女高音歌唱比赛中夺得桂冠，蒋英被舆论称为中国最优秀女高音歌唱家之一。她的归来在上海引起了轰动。

年纪轻轻就成为麻省理工学院终身教授的钱学森可谓意气风发。他一回国，就在大上海的上流社会引发了强烈的关注。很多名门望族都想把自己家里待字闺中的女儿介绍给钱学森。为了认识这位大才子，大家想尽了办法。因为知道钱蒋两家的交情，所以有不少人委托蒋英姐妹从中介绍。于是，在蒋英的安排下，钱学森参加了一场相亲会。蒋英带来了两位漂亮的富家女孩儿。其中一位对钱学森一见钟情，当面就向他表达了爱慕之情，并盛情邀请爱画的钱学森到自己家中鉴赏珍贵的字画。可是，钱学森完全不为所动，不加思考地婉言谢绝了邀请。之所以如此断然地拒绝这位富家小姐的邀请，是因为在这次酒席上，钱学森已经被他儿时的玩伴蒋英深深吸引。他的目光就始终没有离开过这位曾经的干妹妹。

几天后，钱学森应邀在自己的母校上海交通大学做了一次报告。讲台上的他惊讶地发现蒋英也坐在听众席中。此时，平时看起来在感情方面上有些木讷的他做出了一个大胆的决定。讲座一结束，钱学森就提出要单独送蒋英回家。回到家中，毫无准备的蒋英不知该如何招待这位客人，但想到钱学森热爱音乐，便提出挑选一张自己喜欢的唱片，一起来欣赏。出乎意料，钱学森却拒绝了她的提议。如此一来，二人陷入了短暂的沉默。过了片刻，钱学森似乎是鼓足了勇气，红着脸对蒋英说："我有话要对你说，你跟我去美国，好吗？"蒋英既有些吃惊，又似乎早有预感。于是，随着对话的深入，钱学森最终开诚布公地说："我们结婚吧！"

一个是年轻有为的留美博士、在航空领域崭露头角的科学家，一个是中国乐坛冉冉升起的歌唱明星，他们的结合一定会让所有人羡慕不已吧！可没想到的是，这二人的婚事却遭到了蒋英姐姐的竭力反对。她开门见山地对蒋英说："嫁给钱学森，你不会幸福的！"为了证明自己的结论并非妄言，她给妹妹讲了一个故事：在美国的时候，别人给钱学森介绍了一个女朋友。有一天，钱学森去接女朋友参加一个聚会。等了很久，大家才看到钱学森一个人急匆匆地赶来，一问才知道，他竟然在路上把自己的女朋友给弄丢了。做出如此荒唐之举，如何能给未来的妻子安全和幸福？实在令人不能想象。但颇有主见的蒋英并没有听从姐姐的意见。在她的内心深处，有一个坚定而朴素的信念——有学问的人就是好人。

就这样，六个星期后的1947年9月，钱学森与蒋英在上海黄浦江畔的和平饭店举行了婚礼。

在婚典上，新郎钱学森和新娘

钱学森与蒋英的结婚照

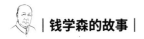

蒋英分别宣读了誓词。

新郎钱学森首先宣读：

我钱学森，真诚地爱慕蒋英女士的品格及其才华，我愿娶她为妻。我将尊重蒋英女士的独立人格，并平等地对待她。在我有生之年，我将与蒋英女士同甘共苦。这就是我对蒋英女士发出的神圣誓言。

接着，新娘蒋英宣读誓词：

我蒋英，愿意选择钱学森先生做我的丈夫。今天在家长及众位亲友面前，我庄严承诺——不管将来我们的生活遇到什么样的曲折，我对钱学森先生的爱情将永无改变。我永远是他的好妻子。

此后，他们用 62 年的人生相伴，践行了他们的庄严承诺。

二人的婚礼简朴庄重，文明大方，他们大胆地摒弃了传统的坐花轿、吹喇叭、大摆宴席的陈规陋习，也没有完全模仿洋人的西式婚礼。双方家长都十分满意。在众人眼中，两人显得那么情投意合，和谐融洽。如果"郎才女貌"是形容世俗的美满婚姻，那么对于钱学森与蒋英这对伉俪来说，这样的评价已经远远不够了。他们的结合，实在是才貌双全，珠联璧合，相得益彰。尽管这一天来得迟了些，但企盼愈久，爱情愈深！

就这样，两个在各自领域同样优秀的人物结成伴侣，一时间在上海滩传为美谈。对于蒋英来说，结婚意味着将要放弃在中国刚刚起步的歌唱事业，去一个陌生的地方开始新的生活。

婚后，钱学森先行出发去了美国。一个多月后，蒋英只身来到了波士顿，与钱学森汇合。此时钱学森已在帕布里奇麻省理工学院附近租下了一座旧楼房作为他们的新居。蒋英走进小楼，环视四周，发现这个新家虽然陈设简朴，但生活用品基本齐全，并且收拾得干干净净。原来，钱学森在美国有许多要好的中国朋友，在他们热心的帮助下，已经准备妥当，随时迎接女主人的到来。在这个新家的二楼有一间狭小的书房，用作钱学森的工作室。起居间里摆了一架黑色的大三角钢琴，为这个家平添了几分典雅气氛。这架钢琴是钱学森送给音乐家妻子的新婚礼物。就这样，在遥远的异地他乡，钱学森和蒋英开始了他们的新婚生活。

作为科学家，钱学森的生活十分规律，丝毫没有因为新婚有什么改变。这一点令蒋英记忆深刻。她回忆，第二天一早，夫妻二人愉快地一起吃早饭。钱学森泡了一杯茶，喝完后突然站起来和妻子告别："那我走了，晚上再回来，你在家一个人慢慢熟悉一切吧！"就这样，人地生疏的蒋英既不认识任何人，也不熟悉任何地方，只好手足无措地待在家里，独自等待钱学森归来，直到夜幕降临。二人依然相敬如宾。因为家里没有食材，只能到家对面吃快餐当作晚饭，并且约好周末一起上街买菜。一回到住所，钱学森的举动又让蒋英吃了一惊。他依旧泡了一杯茶，对蒋英礼貌地说了句："回见！"便钻进自己的小书房，闭门读书去了，直到深夜十二点才重新出现在蒋英面前。蒋英在美国新婚生活的第一天就这样度过了。那时，她也许没有料到，步入婚姻殿堂之后，它会长期面对这样的生活。因为钱学森这样的习惯，从新婚第一天开始，雷打不动地坚持了六十年。他从不愿把晚上宝贵的读书时间用来聊天、会友和娱乐。

当然，他们的新婚生活也是颇多情趣的。蒋英因为长期旅居德国，来到美国后，一时英语还不能过关。钱学森就抽空教她学英语，还不时说一些俏皮话，逗得蒋英咯咯地笑。蒋英为了尽快地掌握英语，把几首德语歌曲翻译成英语经常哼唱。于是，这座小楼里便时常传出笑语歌声。除了看书，钱学森的艺术修养也是极高的，这一方面与身为歌唱家的妻子可谓志趣相投，这使他们的业余生活充满着艺术气息。他们常常一同听音乐、看画展，也常在家里做上一桌中国菜，招待朋友。

1948 年 10 月，钱学森和蒋英有了爱情的结晶，他们为自己的第一个孩子取名为钱永刚。也是在这一年，钱学森被推选为全美中国工程师学会会长。

在美国时的钱学森和蒋英夫妇

因钱学森重回加州理工，1949 年，蒋英跟随丈夫来到温暖的美国西部城市帕萨迪纳。当年，钱学森曾在这里攻读航空理论博士，而这一次，他则是应聘加州理工学院正教授，并出任学院的喷气推进实验室主任。他那喜欢交际的恩师冯·卡门教授也在那里。每逢重要聚会，必然要叫上钱学森夫妇。钱学森个人虽不太喜欢社交，但是只要是恩师出面邀请，他就一定会携夫人欣然前往。

在张纯如撰写的钱学森传记《蚕丝》中这样描述当时的蒋英：

她见多识广，美丽大方，加上一副好歌喉，加州理工学院优秀的男性对她着迷不已，他们甚至说："我们全都爱上了钱太太！"

身边有了蒋英这样一个天使般的知音相伴，钱学森不仅结束了多年来孤身一人的海外游子生活，在工作和生活增添了无穷的乐趣，甚至性格也变得乐观开朗起来。冯·卡门教授常常这样说："钱现在变了一个人，英，真是个可爱的姑娘，钱完全被她迷住了！"在学术事业上，钱学森也随之迎来了高峰。他先后提出火箭旅客飞机概念和关于核火箭的设想，震惊了科学界。

第五章
五年归国路

日夜盼望着早日学成归国、报效祖国的他，之前
就已经辞去美国海军研究顾问的职务，新中国的
新气象吸引着钱学森。

1

回祖国去

1949 年，从父亲钱均夫的来信中，钱学森得知人民解放军以排山倒海、秋风扫落叶之势胜利渡过长江，解放了南京与上海。父亲在信中语重心长地写到：

生命全都仰仗有着地下的根系，就像树木一样，离不开养育他的一方水土。树木只有深深扎根在泥土中，才能茂盛而不枯萎。我的儿子，你的生命之根，就应该是养育你的祖国。叶落而归根，每个炎黄子孙都应报效祖国养育的恩情，希望儿子慎重思考后作出明智的决定。

1949 年 10 月 1 日，中华人民共和国成立，中国的未来开始改变。

当天，钱学森来到学校的咖啡厅，出席中国留学生的一个聚会。他交大的同学罗沛霖是聚会的组织者，他就是经钱学森推荐得到留学美国机会的。留学生们无不欢欣鼓舞，钱学森却像往常一样少言寡语。可罗沛霖明白，钱学森的内心是无比兴奋与激动的，只是出于性格的原因以及在美国长期参加机密科学研究形成的习惯，无法喜形于色。

刚刚从美国回到新中国的著名数学家华罗庚发表了一封洋溢着爱国热情的《告留美同学的公开信》：

中国在迅速进步着。1949 年的胜利，比一年前人们所预料的要大得多，快得多……朋友们，梁园虽好，非久居之乡！为了抉择真理，我们应当回去；为了国家民族，我们应当回去；为了为人民服务，我们也应当回去；

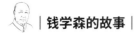

建立我们的工作基础，为了我们伟大祖国的建设和发展而奋斗！

不久，他又收到来自香港大学一位素不相识的教师曹日昌的信。信中说到：

近来国内的情形想您在美也了解得很清楚：全国解放在即，东北华北早已安定下来，正在积极地恢复，建立各种工业，航空工业也在着手。北方工业的主管人久仰您的大名……希望您能很快地回到国内。

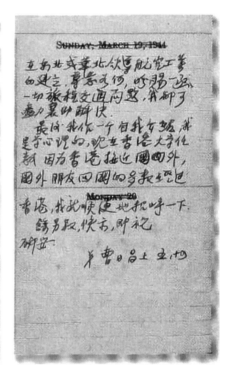

钱学森收到香港大学曹日昌的信

这一封封来自家人、祖国的信件令钱学森心潮澎湃，不禁为之动容。日夜盼望着早日学成回国、报效祖国的他，之前就已经辞去美国海军研究顾问的职务，新中国的新气象吸引着钱学森。他心底十分清楚，祖国在向自己发出深情的召唤，回国的时候到了。

其实，此时的钱学森正值在美事业发展的新阶段。经冯·卡门的推荐，他荣任喷气推进实验中心主任，拥有了赴美以来最好的工作条件和最大的信任，加之婚姻生活美满，他和妻子蒋英对未来美好生活充满了无限憧憬。按理说，这时候即便他选择加入美国国籍也无可厚非。然而，自从踏上美国的土地，钱学森一刻也没有忘记：学成必归，报效祖国！十几年中他所做的一切都是在为实现这一夙愿做着准备：努力学习，勤奋工作，数年来没有购置一处房产，没有像一个美国人一样，将自己的一部分收入存入保险公司，供退休后的晚年生活所需——他没有为此存过一美元。因为他坚定地认为："我是中国人，根本不打算在美国住一辈子！"

1949 年 10 月 6 日是中秋节。这一天，钱学森夫妇与十几名留学生一起欢度中华民族传统节日。"每逢佳节倍思亲"，人在异乡的学子们在这新中国成立后的第一个中秋，遥望东方，兴奋地畅谈着祖国的美好前景。可是谈到回国，有人表示了顾虑："祖国刚刚解放，要钱没钱，要设备没设备，现在回去搞科学研究，只怕困难太大了。"钱学森诚恳地说："我们日夜期盼的，就是祖国能够从黑暗走向光明，这一天终于来到了。祖国现在是很穷，但需要我们大家——祖国的儿女共同去创造！"就这样，满腔热忱的钱学森与挚友罗沛霖相约 1950 年暑假一起回国。

钱学森打算回国的消息不胫而走，首先引起了加州理工学院校方的关注。院长杜布里奇几次与钱学森促膝长谈，力劝钱学森留在美国。杜布里奇提出："坦白说，中国现在百废待兴，还处在落后的农耕社会，根本没有航空科技。你是一个杰出的航空科学家，回到中国去，你的知识才能全无用武之地，难道你回去种苹果树吗？"钱学森深情而坚定地说道："回到祖国去，我做什么都行，只要祖国需要。如果种苹果树是唯一报效祖国的办法，我会毫不犹豫地去种！"

钱学森在美国的办公室

二战结束后的美国，战争的阴影还没有消失，冷战的恐怖气氛又接踵而至。美国一方面在国际上与苏联对抗，另一方面在国内极度恐惧共产主义运动。

1945 年，由于美国国内通货膨胀指数急剧上升，在短短的一年中发生了 3.47 万次罢工，共有 450 多万工人走上街头。美国众议院臭名昭著的非美委员会（House Un-American Activities Committee）借机指责工会"已被共产党渗透"，极力煽动民众反对共产主义和共产党。

在这股狂潮下，厄运开始降临到钱学森的头上。

1950 年 6 月 6 日上午，钱学森加州理工学院的办公室迎来了两名神秘的不速之客。来人一脸严肃，出示了联邦调查局的证件，称："钱先生，现在我们要依法对你进行询问，请你配合！"

就在同一天，钱学森又接到了美国军方通过加州理工学院发来的秘密信函，从此禁止他从事任何与军方相关的机密计划，还吊销了钱学森从事机密研究工作的安全执照。而当时作为喷气推进实验室主任和喷气工程公司顾问的钱学森从事的工作中有 90% 属于机密，这等于剥夺了他工作的权力！钱学森高傲的秉性使他不屑于向当局做出任何申辩，他只想立即回国！

8 月 21 日，钱学森飞往华盛顿，在五角大楼，钱学森约见了负责喷气工程项目的美国海军次长丹尼尔·金贝尔，告知他，自己即将回国。

在钱学森离开后，金贝尔则立即动用所有权力和人脉关系，暗中竭力阻拦钱学森归国。原来，这位海军次长曾经担任过航空喷气公司执行总裁兼总经理，而钱学森曾任这家公司的技术顾问。因此，与钱学森私交甚好的金贝尔十分了解这位在火箭工程方面拥有出色才干的优秀科学家，他中肯地评价说："钱学森是美国最优秀的火箭专家之一"。同时，这位海军次长又是一位十分仇视新中国的当权人物，他立即致电美国移民局，表示："说什么也不能放钱学森回到红色中国去。"

百般阻挠钱学森回国的
海军次长丹尼尔·金贝尔

1950 年 6 月 19 日，当联邦调查局探员再度光临的时候，钱学森递交了一份严正声明：

当年我成为一位受欢迎的客人的情境已经不在了，一片怀疑的乌云扫过我的头上，因此，我所能做的事就是离开。

这份声明同时被递交到加州理工学院工学院院长林德菲以及教务长华森处，成为钱学森决定辞去加州理工学院一切工作的正式辞呈。

此时的钱学森，内心愤懑，脑海中不断回响的只有一个坚定的声音："回祖国去！"

2

障碍重重

就在钱学森递交了离开美国的声明后一周，太平洋彼岸的朝鲜战火顿起，美国国内的反共浪潮甚嚣尘上。1950 年 6 月 27 日，美国总统杜鲁门宣布武装干涉朝鲜，并武力阻挠中国人民解放台湾，美国第七舰队驶向台湾海峡。心系祖国的钱学森加快了回国的步伐，可这过程可谓一波三折，障碍重重。

刚刚成立的新中国与美国尚未建立外交关系，还没有直航的飞机或轮船，回国只有借道香港。钱学森和罗沛霖中秋节时就相约一同回国，于是一起前往洛杉矶轮船公司购买船票。但是，根据轮船公司的规定，钱学森作为教授必须获得美国移民局的批准才能买票，而罗沛霖则以中国留学生的身份买到了 8 月 31 日由旧金山经停洛杉矶开往香港的船票。无可奈何，急于离开美国的钱学森一家又连忙预定了加拿大太平洋航空公司 8 月 28 日由加拿大首都渥太华飞往香港的机票。

同时，归心似箭的钱学森带领全家为归国做着最后的紧张准备。他在办公室里收拾好自己的书籍、手稿、笔记、资料，夫人蒋英在家里收拾好细软。他们将大部分物品装入八只防水的大木箱，委托给一家叫"柏金斯"的公司办理托运。这些行李将通过邮轮运抵香港，再转运上海。一切就绪，只待出发。可是，就在这短短几十天等待的日子里，各方都在做着最后的努力，无论他们各自出于什么样的初衷，但目的只有一个，就是要把钱学森留下。

美国知识界惜才爱才，诚恳挽留。加州理工学院院长杜布里奇运用自己的影响，积极争取华盛顿相关部门为钱学森举行一次听证会，来拂去他头上那"一片怀疑的乌云"，重新颁发安全许可证，让一切重回正轨，让钱学森像以前一样继续安心地在加州理工学院从事原先的研究工作。

而美国的当权者则千方百计拖延听证会的时间，眼见拖延劝说无效，干脆使出了狠招。就在离出发还有最后五天的时候，钱学森接到美国移民局的一纸限制出境的公文："禁止离开美国！"原来，又是那位海军次长丹

钱学森在美国联邦调查局和移民局的听证会上接受审查

尼尔·金贝尔紧急致电美国司法部，在电话里他说了这样一句"名言"：

他（钱学森）知道所有美国导弹工程的核心机密，一个钱学森抵得上五个海军陆战师，我宁可把这家伙枪毙了，也不能放他回红色中国去！

钱学森无比震惊，也无比愤懑。无奈，他只得退掉了机票，并从海关取回原本打算托运到香港的行李。可是，在海关，他得到了一个令人意想不到的答复："钱先生，对不起，您的行李被依法查扣了！"钱学森气愤之至，大声质问："为什么？"工作人员再次语出惊人地回答道："因为您的行李中藏有美国机密文件，您违反了美国的出口控制法、中立法和间谍法！"

钱学森这才恍然大悟，自己已经被美国联邦调查局彻底监控了，在

"柏金斯"公司将他的行李整装放入用于长途托运的木箱时，联邦调查局对这八箱行李进行了仔细地"研究"和检查。为了阻止他出国，甚至不惜将"间谍"的罪名扣在他头上！很快，他的想法得到了有力的验证——为了给限制钱学森离开美国找一个合乎逻辑、站得住脚的理由，在联邦调查局的授意下，《洛杉矶时报》《明镜》等报刊用最快的速度以醒目的标题争相报道："在钱学森回中国的行李中查获秘密资料！"并声称这些秘密资料中包括机密文件，甚至还有一本"密电码"！

　　事实上，钱学森已经十分慎重和小心地处理了自己保存的所有机密文件。他将这些文件全部锁在办公室的一个文件柜里，并把钥匙交给了同事克拉克·米利肯教授。而行李中那些所谓盖着"机密""保密"图章的文件，早已经过了保密期。至于"密电码"，钱学森也被弄得一头雾水，思忖再三，才想到那些"密电码"可能是什么。或许是探员们数学太差，又或许是欲加之罪，美国联邦调查局竟然将数学对数表说成是"密电码"！真是令人啼笑皆非。此事传到加州理工学院，一时被传为笑谈。

　　这一切的一切，让钱学森有种强烈而不祥的预感：自己的处境将变得越来越险恶！

3

牢狱之灾

奇耻大辱的一天很快来到了。

1950年9月7日傍晚，美国联邦调查局的探员们包围了钱学森位于洛杉矶帕萨迪纳的住宅。听到门铃声，夫人蒋英连忙去开门，手里还抱着出生只有两个月大的女儿永真。门外站着两个高大的美国人，他们腰间佩着手枪，手里拿着手铐，一见便知来者不善。他们说明来意，要求见钱学森。钱学森从书房缓步走出来，脸上丝毫没有激动的表情，似乎一切早在意料之中。倒是两岁的儿子永刚见到这两位气势汹汹的陌生人，丢下手中的玩具，躲到了爸爸的身后。

两位探员见到钱学森，不知怎么，露出的是略显吃惊的表情。原来，多日来，钱学森一直安静地待在家中，未出过门。联邦调查局多日未见钱学森的身影，猜想他一定是到什么地方躲起来了，他们甚至怀疑钱学森会设法逃到离洛杉矶不远的墨西哥，再辗转回国。当他们亲眼看到钱学森站在自己眼前，才知道关于他企图逃跑的判断完全是空穴来风。

这次，两位探员二话没说，直接以钱学森"隐瞒共产党员身份""欺骗美国政府"、在行李中夹带了美国机密文件的"间谍罪"嫌疑，出示了逮捕证。

一身便装的钱学森没有带任何东西，就被带上车，押走了。

真是欲加之罪，何患无辞！对钱学森的迫害已经逐步升级：从吊销安

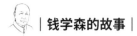

全许可证，到禁止离开美国，到海关查扣行李，再到今天的下令逮捕！

蒋英立即打电话给加州理工学院，请他们帮助询问究竟将钱学森带到了何处。

钱学森被关进了洛杉矶以南圣佩德罗湾特米罗岛的移民局拘留中心。四面是海的特米罗岛，又叫"响尾蛇岛"，是太平洋上一个不起眼的小岛。这里的拘留所警备森严，四面的高墙上布满了通电的铁丝网。室内昏暗、潮湿，每个房间都有持枪的哨兵日夜轮流看守。这里关押着许多墨西哥人，他们因为贫穷想到美国打工，在偷越边境时被抓，于是，都被关进了这座离美墨边境不远的拘留所。

关押钱学森的特米罗岛移民局拘留中心

鉴于钱学森是著名的科学家，联邦调查局没有将他和那些越境犯关押在一起，而是关进了一间单人牢房。牢房里有一张桌子、一盏灯、一张床，还有单独的卫浴设备，作为监狱，可算得上十分舒适了。然而，这毕竟是剥夺自由的拘禁！

钱学森被禁止与任何人交谈。夜里，守卫每15分钟就来亮一次灯，令他根本无法好好休息。被剥夺睡眠的痛苦几乎令人崩溃，钱学森在短短

15 天里一下子瘦了近 12 斤！当然，与经受这样的皮肉之苦相比，更令钱学森痛苦的是内心的煎熬——对于这样一位著名的科学家，在自己曾经全力以赴为之效力的国家，竟然得到了如此的待遇，对于拥有强烈自尊心的钱学森，这是莫大的屈辱和沉重的打击！

钱学森被捕的消息通过广播、报纸迅速在加州理工学院，在加利福尼亚州，甚至在美国各地，引起了惊愕，更引起了愤懑。

加州理工学院院长杜布里奇竭尽全力，设法营救，还为钱学森聘请了洛杉矶最著名的律师。杜布里奇紧急致电正在欧洲访学的冯·卡门教授。冯·卡门大吃一惊，当即中断了访问，启程赶回美国。接着，杜布里奇又致函丹尼尔·金贝尔，在信中明确否定钱学森是共产党员的指控。

很快，香港《文汇报》以《我们坚决反对美帝逮捕钱学森》为题，并发表评论：

新中国诞生了，新的国家欢迎一切有才能的同胞投身到伟大的建设事业中去，我们要使国家建设走上工业化的大道。钱学森在新中国这个响亮的号召下准备回到中国来了，可是美国帝国主义者剥夺了他的自由，无理地把他扣留了，无耻地给他一个莫须有的罪名：美共。我们坚决反对美帝这一侵犯人权的暴行，我们要求释放钱学森博士……

紧接着，地质学家李四光以中华全国自然科学专门学会联合会主席的名义发表声明《抗议美帝非法拘捕我科学家钱学森等》；郭沫若以中国保卫世界和平大会委员会主席的身份，致电世界和平大会委员会主席居里博士，抗议美国无理拘捕钱学森；新中国的科学家们也纷纷发出强烈的抗议声音；刚刚回国的美国留学生们致电联合国秘书长赖伊、联合国会员大会主席安迪让、安理会主席、人权保障委员会，要求制裁美国政府的暴

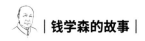

行，致电美国国务卿艾奇逊，提出严正抗议，要求立即恢复钱学森教授的自由……

迫于多方压力，联邦调查局不得不按照"程序"审讯钱学森，由于根本无法拿出确凿的证据，审讯最终只能是不了了之。但是，联邦调查局还是要求狱中的钱学森写下"绝不擅自离开美国"的书面证明，并缴纳15000美元的巨额保释金，才可获得保释。在院长杜布里奇和导师冯·卡门的帮助之下，很快筹得了这笔保释金。1950年9月22日，钱学森终于获释，结束了长达15天的牢狱之灾。

夫人蒋英来到特米罗岛接钱学森回家时，几乎被眼前的丈夫惊呆了。她无法想象这十几天的日子钱学森是怎样度过的，不仅面容憔悴，虚弱不堪，而且对自己说的话只能点点头或摇摇头，不作任何回答，对其他人更是一概不理。蒋英心疼极了，在经历了如此巨大的打击之后，钱学森不会说话了，他失声了！

4
闪光的论著

保释后的钱学森虽然可以重新回到加州理工学院宁静的校园，但生活发生了重大转变。

1951 年 4 月，没完没了的传讯终于有了结果，美国司法部宣布钱学森最终被认定为一个"曾经是美国共产党员的外国人"，有共产党嫌疑，对美国的国家安全造成威胁，根据美国国家安全条例的规定，凡是企图颠覆美国政府的外国人，必须驱逐出境。美国决定驱逐钱学森！多么荒唐可笑！钱学森如此迫切地想离开美国而被设置重重障碍不能成行，现在又转而要被阻碍者"驱逐"！可事情绝没有"驱逐"这么简单！驱逐令立刻受到来自华盛顿的干涉，美国军方不允许钱学森离开美国，反而加紧了对他的监视。军方的意图十分明显，他们绝不会轻易让钱学森这位火箭专家回到中国去，至少也要等待钱学森脑袋里的火箭知识变得陈旧无用，他们才肯作罢。

于是，钱学森的生活陷入了另一种无休无止的失去自由和尊严的痛苦之中。

钱学森无论身在何处都处在监控之中。在很短的时间里，钱学森搬了四次家，因为他每天都会接到陌生人的电话，有时上街也会有人跟着。他的电话受到监听、信件受到拆检，所住的房子四周布满了监视的特务，甚至家里也常坐着不速之客。好友冯元桢回忆说：

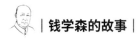

我们到他家去看他的时候，家里竟还有政府方面的人在边上。反正不太自由，你们说什么，他们都听得到。他们就在附近坐下来。

钱学森的行动范围被局限在洛杉矶市内，每个月必须要到帕萨迪纳移民局报到登记，以证明自己没有离开美国。有时孩子们在家里实在憋闷坏了，就开车上街转一圈又回来。

长达五年的软禁，对性格内向和孤傲的钱学森来说，每一天都是屈辱的积累。虽然加州理工学院对他初心不改，仍然欢迎他回校教书，但钱学森辞去了所担任的一切职务，谢绝参加所有的教研活动，但他还是坚持每天早出晚归，开车到学校自己的办公室去。也许只有在安静的校园里埋头搞研究，才能让他暂且忘却特务的监视和纠缠。

钱学森在美国移民局的登记记录

钱学森的个性一向隐忍坚强。此时的他虽然内心痛苦，但决不被困境打倒。在漫长的五年中，他一边忍受屈辱，一边用默默无闻的耕耘再一次彰显了一个杰出科学家无畏务实的科学精神，更深刻诠释了什么是中国科学家的硬骨气和大视野。在软禁期间，他努力地做着两件事——

第一件就是为离美回国时刻做好准备。在长达五年的时间里，钱学森一家的住房合同总是只签一年，到期就搬家。从海关退回的八个大木箱再也没被打开，只待有机会离美，马上就能装船托运；家中空空如也，客厅除了餐桌和几把椅子，只有钱夫人准备好放置随身物品的三只手提箱，一旦获准回国，他们可以拎起箱子，迅即动身。

　　而钱学森要完成的另一件事就是继续他的科学研究。生命不息，研究不止，什么也无法停止一位真正科学家大脑的思维和创造。他独自在办公室埋头写作，曾经连续四个月，每月都完成一篇论文。不让研究火箭了，怎么办？应中国那句老话：不蒸馒头蒸（争）口气——"既然你们不让我搞火箭，那就不搞，我可以搞另外一个行当，研究控制论！"1954年，钱学森用一部40万字的英文专著《工程控制论》向美国人宣布，工程控制论与美国军事机密毫不相干，我已经完全改行了！

1954年钱学森的著作
《工程控制论》英文版

　　众人惊诧于这部影响巨大的著作，而对他来说，这算不得一个奇迹。在科学的大道上，他总是如此游刃有余，任思绪自由驰骋，纵横捭阖，思想的光辉不断闪现。由于长期关注多学科的发展与前沿，此时的他厚积而薄发，改行改出一片新天地，一门新的学科就此诞生了！作为一部开创性、奠基性的著作，这本书很快引起了各国科学家的关注，相继在1956年、1957年和1958年被翻译成俄文、德文和中文。凭借这本著作，钱学森还在1957年1月获得中国科学院1956年度科学奖金（自然科学部分）一等奖。同样鉴于这部著作的影响，1957年国际自动控制联合会第一届理事会推举钱学森为首届常务理事。美国一位专栏作家对钱学森给予了高度的评价，认为他既像工程师一样精于实践，又像数学家一样长于理论分析，是"集中两个优势于一身，高超地将两只轮子装到一辆战车上，碾出了工程控制论研究的一条新途径……"

中国科学院科学奖金一等奖获得者

| 钱　学　森 | 华　罗　庚 | 吴　文　俊 |

国科学院1956年度科学奖金（自然科学部分）評审經过說明

1957 年 1 月钱学森、华罗庚、吴文俊同获中国科学院 1956 年度
科学奖金（自然科学部分）一等奖

　　而只有钱学森自己知道，这本影响巨大的著作是那段不平凡岁月的最大慰藉。作为一位来自中国的科学家，为中国人赢得尊重是他能够留在美国的最大动力。而现在，他内心深处只有一个心愿——尽快回到祖国。在冯·卡门的传记中这样描述当时的钱学森：

　　对他来说，这是一种屈辱，他从来没有放弃回到中国的打算，他认为中国在真正营救他，只有回到祖国，他才会得到应有的尊重。

5
秘密的信中信

就在钱学森埋头进行工程控制论研究的同时，中美两个国家之间的博弈也在激烈地进行着……

1950 年 6 月 25 日，朝鲜战争爆发。美军打着联合国的旗号进军朝鲜半岛。10 月 19 日，中国人民志愿军雄赳赳气昂昂跨过鸭绿江，打响了保家卫国的抗美援朝之战。朝鲜战场上的中美两国兵戎相见，关系极为紧张。直至 1953 年 7 月 27 日，朝鲜人民军、中国人民志愿军和以美国为首的联合国军在板门店签订了《朝鲜停战协定》，历时整整三年的朝鲜战争才宣告结束。中美两国从战场的对抗转入了外交上的较量。

战后的美国迫切希望能够解决在战争期间被我方俘虏的飞行员、间谍等人员的遣返问题，周恩来总理敏锐地认识到，这是我方解决钱学森等被扣留科学家及留学生回国问题的大好时机。当时，中华人民共和国与美国尚未建立外交关系，经过多次间接的磋商，终于在 1954 年 6 月 5 日，中美两国派出代表在日内瓦联合国大厦进行了首次面对面的接触。中方派出了中国驻波兰大使王炳南，美方则派出副国务卿、美国驻捷克大使尤·阿·约翰逊。这第一次仅持续了 15 分钟的会谈，是在中美这两个互不承认、没有外交关系的国家之间举行的首次大使级会谈，成为世界外交史上的创举。此后，中美代表就侨民和留学生问题开始有了越来越多的接触。国与国之间的会谈实质上是双方政治实力的交锋与较量，是没有硝

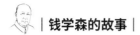

烟的战争，必须打出有威力的炮弹，才能迫使对方做出妥协与让步。1955年8月2日，正当这场会谈就两国平民交换问题艰难进行的时候，一封由钱学森亲笔书写、经多次辗转才到达周恩来总理手中的信就成了这样一枚"重磅炸弹"。

1955年8月，中美大使级会谈在日内瓦举行。

周总理指示中方代表王炳南（左三）大使以钱学森的信为依据，与美方进行交涉和斗争。

原来，会谈中，美方代表始终矢口否认美国政府限制中国侨民、科学家以及留学生返回祖国的事实，并宣称，美国政府已在1955年4月就取消了扣留中国学者的法令，完全不干涉他们去留的自由。换句话说，美国人在狡辩：那些中国学者、留学生之所以留在美国，完全是出于自愿，根本没有人想回去。这时，中方代表王炳南大使义正词严，当场揭穿对方的谎言："请问大使先生，既然美国政府早在今年4月就取消了扣留中国学者的法令，那为什么中国科学家钱学森博士还在6月15日致信中国政府请求帮助回国呢？显然，中国学者要求回国依然遭受美方的种种阻拦。据回国的留学生报告，钱学森至今被禁止离开他所在的洛杉矶市界！"说着，王大使出示了钱学森的亲笔信。这封信让在场的美方代表哑口无言，表示会立刻向美国政府转达。仅仅两天之后的 8 月 4 日，王大使被美方代表告知，美方已经同意钱学森回国。

8 月 5 日，美国司法移民归化局正式通知钱学森，允许他离开美国，返回中国！

那么，在美国特工的重重监视与审查之下，钱学森怎么能寄出这封重要的信件，它又是怎样跨越千山万水、辗转到达中国政府手中的呢？

时间得回溯到 1955 年的夏天，当时钱学森仍然处在无休无止的软禁之中。

一天，钱学森和蒋英订了一家中国餐馆的菜。送菜的伙计离开后，钱学森在菜篮里意外地发现了一份中国画报，里面报道了中国庆祝五一劳动节的盛况。其中一张照片引起了钱学森的注意。在天安门城楼上的国家领导人中间，他发现了一位熟人——陈叔通！

陈叔通老先生是当时的全国人大常委会副委员长，最重要的是，他还是钱学森的杭州同乡，与钱学森的父亲钱均夫是亦师亦友的至交。当年钱均夫在杭州求是书院读书时，陈叔通就是他的老师。钱学森 1947 年暑期回国结婚，还专程看望了这位"太老师"。

钱学森兴奋极了！如果能和这位太老师联系上，他一定能把自己的真实情况反映给党中央、毛主席！有了中国政府的干涉，一定能营救我们回国！

于是，钱学森决定写一封求救信给陈叔通先生，向他报告自己被美国扣留、有国难归的困境，并请求中国政府的帮助。钱学森极为认真地事先写好草稿，再端端正正誊抄下这封至关重要的信。信中有这样一句话，钱

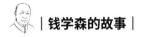
学森思归的迫切心情溢于言表：

被美国政府拘禁，至今已经五年，无一日一时一刻不思归国参加伟大

的建设。

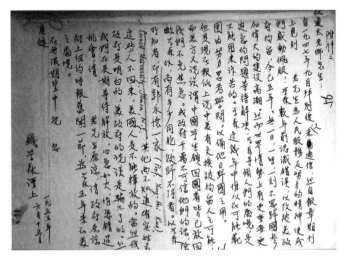

钱学森写给陈叔通的信

可接下来要解决的关键问题是，依眼下这种情势，这封信如何才能交到陈叔通先生的手上呢？不知道陈叔通先生的地址，信只要先寄给上海的父亲，就可以代为转寄至北京。现在，如何发出这封信才是真正的难题。钱学森深知自己发出的每一份邮件都会遭到联邦调查局的拆检，如果信封上赫然写着父亲的地址与大名，只怕根本出不了帕萨迪纳！

钱学森不愧是火箭专家，尤其懂得每一个细节都是火箭发射成功的前提和关键。要精确制导，将信准确无误地"发射"到陈叔通先生手中，必须制定并实施详细而周密的计划。

首先，钱学森将写好的信夹在夫人蒋英写给侨居比利时的妹妹蒋华的信中。聪明的蒋华接到信，马上明白，立刻将信由比利时转寄至国内钱学森的父亲手中。

接着，夫人蒋英特意模仿孩子的笔迹在信封上写上妹妹比利时的地址，以防特工认出笔迹。

最后，钱学森夫妇特意开车到一家离家很远的黑人超市买菜。钱学森像一个普通的美国男人一样，在超市门口等待，吸引着特工的注意。蒋英佯装进入超市，边挑选商品，边查看四周，在确定无人注意的时候，用最为敏捷的动作把信投入了这家黑人超市里的邮筒里。

于是，这封承载着重要使命的信件顺利躲过了联邦调查局无处不在的监视，犹如一枚精确制导的火箭，飞越万水千山，直抵比利时——转道上海——到达北京——飞往日内瓦。陈叔通先生收到这封信后，第一时间将它送到了中南海，放在了时任国务院总理的周恩来的办公桌上。信件很快被送往日内瓦，最终在两国大使级会谈的谈判桌上成功引爆，一击击中目标！

就这样，经历了五年漫长的等待，忍受了五年痛苦的折磨，进行了五年不屈的抗争，钱学森终于如愿以偿，迈着坚定的步伐，义无反顾地踏上归国的旅途！——从此以后，钱学森再也不愿踏上美国这块土地。

6
漫漫旅途中的动人故事

AMERICAN PRESIDENT LINES

钱学森回国的三等舱船票

钱学森归国前冯·卡门教授赠送的
留念照片

获准离开的钱学森兴奋不已，一家人立刻开始收拾行李。许多好友听闻，纷纷登门拜访。大多数人还是力劝他留在美国，毕竟这里有最佳的研究条件和生活待遇。可是，钱学森早已打定主意。他如此迫切地想要回到祖国去，一刻也不想多作停留。

可是，不知是凑巧，还是人为，近期的飞机票已全部卖完，连船票也只能预订到1955年9月17日从洛杉矶驶往香港的"克利夫兰总统号"邮轮，并且，钱学森被告知头等舱的船票已经售罄，只有狭窄的三等舱还有余票。物质条件的艰苦早已无法束缚住钱学森获得自由与尊严的心，归心似箭的他毫不犹豫地当即买下了四张三等舱的船票，只等归期。

临行前，导师冯·卡门教授把自

己最满意的一张照片送给了钱学森，并用德语留言：

我们不久会重逢！

但谁也没有想到，这一别竟成师徒二人的永别。1963 年，82 岁的冯·卡门因病逝世。他生前只能在回忆录里重温与钱学森的情谊，而远在中国的钱学森也只能用深情回忆来纪念恩师。他常说：

我总是和蒋英回忆起我们和冯·卡门一起度过的日子。

科学是不分国界的，但科学家却有自己的祖国！

1955 年 9 月 17 日，钱学森和妻子蒋英带着一双儿女终于登上了回国的"克利夫兰总统号"邮轮，准备启程。他仍然带着那八大箱曾被美国当局扣押的资料，事后证明，他们没有在其中发现任何涉及机密的材料。但是，美国人依然没有死心，也没有丝毫放松。在码头送行的人群中就有特务出没，他们在竭力阻止一些人接近钱学森。船上更有"好心"人介绍日本的东西又好又便宜，建议钱学森一家利用船在日本靠岸的机会离船上岸去观光购物。其实，钱学森心知肚明，一旦私自上岸，极有可能遭到枪杀，到那时，美国人可以将责任推得一干二净。所以，在安全到达目的地之前，丝毫都不敢放松警惕。陈叔通老先生更是提醒钱均夫提前打电报给钱学森：

知你归国，甚慰。望小心保重，沿途勿登岸。政府将托人在边境车站接你。

就这样，钱学森一家怀着既兴奋又紧张的心情踏上了"克利夫兰总统号"的

归国邮轮上的钱学森一家合影

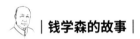

甲板，汽笛一声长鸣，船缓缓离开洛杉矶码头，开始了漫长的航程。送行的人们赠送的花篮摆满了狭小的三等舱室，一直排到过道上。钱学森伫立在船头，恨不能将脚下的甲板变成火箭的舱室，即刻飞回到祖国母亲的怀抱。

这是"克利夫兰总统号"航行的第六十个航次，这艘著名的邮轮因接待过胡适、张爱玲、李小龙、华罗庚等诸多的知名人士为中国人所熟知。在船过夏威夷以后，一位住在头等舱的美国老太太忽然盛情邀请钱学森一家到自己的房间喝咖啡。原来，这位老人是美国非常有名的女权运动领袖，久仰钱学森的大名，听说同船而行，非常想见上一面。但是，打听了半天，也没有在头等舱的旅客名单中找到钱学森的名字。所以，今天除了见面，她还有一件重要的事情要做。老人叫来了船长，严肃地说："你难道不认识他们吗？钱先生是世界知名的科学家，怎么能让他们一家四口挤在狭小的三等舱里。"船长推说不知，又不敢怠慢，连忙表示要去查一查，不一会儿，就回来说是正巧有了空余的头等舱票。

就这样，在一位爱打抱不平的美国老太太的帮助下，钱学森一家在上船七天后，戏剧性地由三等舱搬进了头等舱。钱学森受到了美国政府的迫害，却得到了美国人民和广大华人华侨的爱戴和尊敬。

当邮轮停靠在菲律宾首都马尼拉时，一位名叫孙美玉的华侨慕名找到了钱学森的舱位，在得到保安的允许后，有幸与这位她仰慕已久的大科学家作了简短的攀谈。

"您为什么想回到中国？"孙美玉问。

钱学森和蔼可亲地望着这位同胞，答道："我想为仍然困苦贫穷的中国人民服务，我想帮助在战争中被破坏的祖国重建，我相信我能帮助我的祖国。"

转而，钱学森关心地询问："菲律宾怎么样，这里的中国人受歧视吗？"

"是的，非常受歧视，他们瞧不起中国人！"孙美玉愤愤地回答。

钱学森表情凝重起来，停顿片刻，他继续询问："您是做什么工作的？"

"我姐姐是初中教师，我是高中教师。"孙美玉回答。

"好！非常好！"钱学森脸上露出了微笑，"中小学老师非常重要，因为这是一个社会发展的基础。青年是社会的未来，他们必须受到好的教育，以培养他们的潜能和创造力。"

孙美玉连忙说："我们只能教些低层次的东西，不像您，是杰出伟大的科学家，能够创造伟大的事业。"

钱学森意味深长地说道："不，我只是蛋糕表面的糖衣。蛋糕要想味道好，里面用的料必须好。基础非常重要，培养年轻人是一个国家进步的基础。不要瞧不起你的工作，你是在塑造年轻人的灵魂！"

钱学森一席话让这位普通的中学教师如沐春风，沉浸在前所未有的幸福之中……

此时，保安走过来示意，谈话得结束了。

尽管这次谈话只有短短的十分钟，年仅 25 岁的孙美玉却深深地被这位大科学家的谦逊和深刻所折服，钱学森的话深深印在了她的脑海中，并且整整影响了她的一生——在时隔五十年后，75 岁的她给 95 岁的钱老写了一封信，重温了这段美好的记忆，并捎去了一个仰慕者真诚的感谢和祝愿。

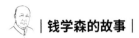

钱学森刚刚启程，"火箭专家返回红色中国"就成了当时美国媒体最为轰动的新闻。9月18日《洛杉矶时报》报道说：

加州理工学院工程师钱学森博士昨天搭"克利夫兰总统号"邮船回中国，他发誓再也不到美国了。钱博士和他的妻子、两个孩子同行。

上船之前，这位在美国生活了二十年，其间又经受了五年屈辱生活的科学家决绝地说：

我打算回中国去，竭尽全力，与中国人民一道建设国家，使中国人民过上有尊严的幸福生活。

7

回归

　　经过近半个月的漫长旅程，"克利夫兰总统号"邮轮终于缓缓进入了南中国海，向着目的地香港驶去。1955 年 9 月 30 日，又逢中国传统的中秋佳节。钱学森站上甲板，大海一望无际，风平浪静，一轮明月悄悄升起。仰望苍穹明月，钱学森心潮起伏，不禁回想起 1949 年的中秋，自己就是在那天与挚友罗沛霖相约一同回国。如今，已过 6 载，历尽千辛万苦，终于如愿，祖国母亲就在眼前！

　　10 月 1 日是新中国成立 6 周年的日子。双节同庆，"克利夫兰总统号"上所有留学生组成的归国同学会决定借用邮轮的小餐厅，举行一场庆祝会。经过精心布置的小餐厅显得气氛热烈，墙上还悬挂起了一面大家自己动手制作的五星红旗。

　　钱学森应邀在庆祝会上做了主题发言。他一如既往，步伐从容地走上台去，脸上却难以抑制住激动兴奋的表情。"我身未到祖国，心已经飞回去了！"他刚刚用这样一句激情澎湃而又富有诗意的话开始自己的发言，就赢得了满场的掌声。是啊！这短短的一句正是在场每一位日夜思念祖国的海外学子的心声！接着，从第一个五年计划到全国 156 个重点工程，钱学森如数家珍地向大家介绍起了新中国在短短 6 年中的建设蓝图。一番描绘听得在场的学子们激动不已，同时，大家又感叹与好奇于钱教授为何身在海外，却对国内建设情况如此了然于胸？原来，钱学森始终关注着新中国的发展，他将在报刊上、广播上收集的有关新中国的点点滴滴早已熟记于心。结束发言时，钱学森慷慨激昂地说道："同学们，祖国正在建设时期，迫切需要各方面的人才，我们定会大有用武之地！"话音未落，便响起了热烈的掌声。大家心情如此激动，唯有用歌声、笑声才能表达！

钱学森一家的表演将庆祝会推向了高潮！永刚、永真稚嫩的歌声，让大家笑声不断；钱夫人蒋英本来就是著名的歌唱家，虽然自钱学森遭受迫害后，已经好久没有唱歌了，但今天，她一扫内心的抑郁，一展歌喉，赢

归途中的永刚和永真在表演节目

得了满场热烈的掌声；最让大家吃惊的是，钱学森这位大科学家竟然如此地富有艺术才情，他用中国的传统乐器箫为大家吹奏了一曲，箫声悠扬婉转，一如在倾诉孤悬海外多年的游子对母亲的浓浓思念，一时间，会场寂静，大家的心已随着这箫声飞到了祖国与亲人的怀抱！

一天清晨，经过近一个月海上航行的"克利夫兰总统号"邮轮即将驶入香港。钱学森抑制不住兴奋的心情，早早起了床，热切地望着窗外渐行渐近的香港，眼眶禁不住湿润起来。经过了整整20年漂泊异国的岁月，现在终于要回家乡了！

由于当时的香港还在英国的统治之下，为了保证钱学森等人的安全，经过协商，中国政府特意通过设于香港的中国旅行社派遣了一艘船，将钱学森等一行送往九龙，再由九龙乘火车到达中国的南大门——深圳。

眼前就是香港通往深圳的口岸罗湖桥——一座架设在宽不过50米深圳河上、由粗木铺成的小桥，但是，桥的这边悬挂着英国的米字旗，而桥

的那头却飘扬着鲜艳的五星红旗！此时的罗湖桥就像母亲伸出的温暖臂膀，欢迎游子的归来。钱学森已禁不住泪流满面，迫不及待地踏上桥去！这一天是 1955 年 10 月 8 日。对于钱学森和他的家人来说，这一天是他们这一生中最重要的日子。

祖国，我们终于回来了！

多年以后，钱老曾用诗一般的语言描述了这令人永远难忘的时刻：

那是我们的国旗，那样光明，在阳光下闪耀着。瞬间，我们全都屏息而视，眼中涌上了泪水。我们走过小桥，终于踏上了国土，回到我们的国家，我们值得骄傲的国家，有着 4000 多年文明的国家！

钱学森一踏上祖国的大地，就被眼前这依然贫困却无比奋发的景象震惊了。1955 年的中国，虽然久经战争，一穷二白，但勤劳的中国人民在党的领导下奋发图强，第一个五年计划进入第三年，全国已经陆续启动了一百多个大型建设项目，开始了全面建设的步伐。为进一步详细了解祖国的变化，钱学森专门到广州的新华书店买了"第一个五年计划"和《中华人民共和国宪法》的小册子。

接着，钱学森一家前往上海，看望年事已高的父亲钱均夫。

10 月 28 日，钱学森和家人抵达新中国的首都北京。中国科学院院长郭沫若举行盛大的欢迎宴会，在京的著名科学家悉数出席祝贺。党和国家领导人也亲切接见钱学森，欢迎这位爱国科学家。

1955 年 10 月 12 日钱学森归国后与父亲及家人在上海家中合影

1955年10月28日，中科院副院长
吴有训到北京前门车站迎接钱学森

时任中国科学院院长的郭沫若设宴
热烈欢迎钱学森夫妇归国

自此以后，钱学森将留美期间通过艰辛探索、潜心研究、代表当时世界尖端科技水平的空气动力学、固体力学、火箭制造等现代航空航天技术，转化为报效祖国的强大精神动力和重要智力支撑。作为技术领导人，钱学森在领导新中国"两弹一星"事业的历程中，为我国科技、国防和军队现代化建设，为中国成为"有重要影响的大国"做出了举世瞩目的科学成就，也为自己出国前立定的科学报国理想做了最好的诠释。在民族大义和国家利益意义上，钱学森始终认为自己在留美的最后岁月里所面对的漠视与偏见、所遭受的尊严侵犯和人格屈辱、所做出的学术牺牲与专业割舍，终究都是值得的。他此生再也不愿意踏上美国的土地。

第六章

十年两弹成

最终"十二年规划"确定了 57 项重大研究任务，
其中火箭及喷气技术的规划设计就是钱学森与任
新民等人合作完成的。

1

"外国人能造出来的，我们中国人就一定能造得出来！"

就在钱学森归国的这一年国庆节，首都北京举行了盛大的阅兵式。毛主席和刚刚授衔的共和国将帅们登上天安门城楼，检阅解放军部队。部队官兵穿着新的制式军服，佩戴军衔领章，军容严正，焕然一新。此时，刚刚进入和平建设时期的新中国，国防建设正面临着严峻的形势。第二次世界大战后，美苏两国竞相发展以核弹和导弹为代表的高科技武器。核阴云笼罩在两个对立阵营的上空。在朝鲜战争、台海冲突中，美国就多次扬言要对中国使用核武器。面对这样的核威胁和核讹诈，共和国的领导人迫切感到，必须尽快发展自己的国防尖端武器，但是刚刚成立不久的新中国，科技力量和经济基础都还很薄弱，发展新型武器，似乎遥遥无期。在这次阅兵上，毛泽东和将帅们看到的，只是清一色的苏制常规武器。

1955年冬天，回国不久的钱学森就在科学院秘书朱兆祥的陪同下，登上了前往东北考察的火车。这次考察是为了让钱学森实地了解新中国工业的一次有意安排。东北是当时中国最强的现代化工业基地，钱学森在这里参观了全国最大的钢铁厂、煤矿、水电站、炼油厂、机床厂、汽车厂、电机厂、飞机厂。

当他们到达哈尔滨时，钱学森提出自己在美国时的学生庄逢甘和罗时均都在哈尔滨军事工程学院工作，希望能见见他们。令他没想到的是，这个再简单不过的要求，竟然惊动了中央军委。原来，当时的哈军工是全国的绝密单位，是全军唯一一所承担现代化军事装备的研究、设计、维修以及培养相关技术人才的学校。时任副院长的刘居英少将不免心里有些打鼓：钱学森毕竟刚刚从美国回来，他难道真的只是想见见自己的学生吗？更何况学校里还驻有苏联专家。事关重大，他还是向中央军委做了汇报。让刘居英没有想到的是，上级立刻批准，允许钱学森参观哈军工。当然，刘居英还是事先拟定了参观的内容，将重点放在与航空及空气动力相关的专业和实验室上，也顺带展示一下学院的规模。

钱学森愉快地参观了学校。从礼堂到操场再到实验室，钱学森看得非常仔细，还不时地停下来和工作人员交谈。所到之处都给钱学森留下了深刻的印象。他看到，这所学校的规模和教学科研已经具有一定的水平，风洞、水槽建设得很现代化，各实验室都有教学演示设备，而且用军事化的手段管理学校，到处井井有条、一尘不染。中午，他与庄逢甘、罗时均等一起用餐时，感慨地说："万万想不到，新中国在如此困难的情况下，只用了短短两年多的时间，就有了规模如此之大的军事工程院校，并且开展了如此多的实验研究。"

更让钱学森和所有人感到意外的是，这所著名军工院校的院长、时任中国人民解放军副总参谋长陈赓大将竟然特意乘次日清晨的专机风尘仆仆地从北京赶到哈尔滨，与钱学森见面。

被誉为"名将之鹰"的陈赓，是中国人民解放军最著名的将领之一，身经百战，屡建奇功。他有着传奇般的经历，在部队、民间都广为传颂。

他曾担任过我军的许多重要职务，以作战勇猛、足智多谋而闻名中外。而最值得一提的是，陈赓大将还以其求贤若渴、惜才如命的儒将风范而为人们所称道。

1952年7月，陈赓将军抗美援朝得胜归来以后，马不停蹄地受命创办哈尔滨军事工程学院。历时一年，便以惊人的速度在哈尔滨的冻土地带上建立起这座全新的高等军事学府，并于1953年9月1日正式开学。

陈赓大将亲自出马，别有一番深意。

当天晚上，他特意设宴招待钱学森。他特意强调："我们军事工程学院打开大门来欢迎钱先生。对钱先生来说，我们这里没有什么要保密的。不错，我们制定了严格的保密制度。今天，当着真人不说假话，这无非是在美国人面前装装样子，不让他们摸透我们的发展水平。"

陈赓大将陪同钱学森参观了学院的综合陈列馆。馆里陈列着许多在朝鲜战场上我军缴获的美军轰炸机、坦克，还有带有电子自动搜寻目标的炮弹等。陈赓大将指着这些展品，对陪同参观的副院长刘居英开玩笑说："这些都是美国人的破烂，对于钱先生来说用不着保密！"说完，陈赓和钱学森一同哈哈大笑起来。

在室外一个小型火箭试验台面前，钱学森停住了脚步，仔细观察着——

这是一个非常简陋和原始的固体燃料火箭的实验装置。钱学森饶有兴致地与正在拆装的一位教员攀谈起来。几句简单的对话，钱学森就看出了这个装置的不合理部分，他温和地提出了意见，可那位教员轻声地告诉钱学森，这是苏联专家的意见，不能改动。对此，钱学森轻轻摇了摇头，表示不以为然。而在一旁的陈赓脸上却浮现出会心的微笑。

哈军工纪念馆中展出的油画
《钱学森与陈赓院长在一起》

当晚，陈赓大将再次约见了钱学森。

他开门见山地问道："钱先生，您看我们中国人自己搞导弹，行不行？"

钱学森一辈子也不会忘记自己在美国遭受的种种屈辱，心里正憋着一肚子气。听到这个话题，他不假思索，斩钉截铁地回答："中国人怎么不行？外国人能造出来的，我们中国人就一定能造得出来！中国人不比任何人矮一截！"

"哈哈，好极了！我要的就是你这句话！"陈赓大将紧紧握住了钱学森的手，开怀大笑起来。

钱学森看到眼前这位将军高兴的样子，立刻明白，这件事情在他的心里已经想了很久了。

这是决定钱学森后半生命运的笑声，这是决定中国火箭乃至卫星航天事业命运的笑声——新中国的导弹、航天事业，就在陈赓大将爽朗的笑声中发轫了。

可在场的人当时并不知道，陈赓的这次出面也是奉了当时国防部长彭德怀之命，是专程来了解钱学森对中国发展尖端武器的意见和态度的。

2
与国家领导人的亲切晤谈

陪同钱学森到东北参观访问的中国科学院秘书朱兆祥，回到北京稍事休息后，便向中国科学院办公厅汇报了陪同钱学森东北之行的情况。办公厅的同志告诉他："彭德怀同志办公室来了几次电话，叫你从东北回来后立即到彭总家去一趟。"

"什么事情，要我到彭总家去一趟？"朱兆祥百思不得其解。他怀着诧异的心情来到了府右街灵境胡同的一所老四合院门前，向卫兵报上姓名并说明来意。卫兵很有礼貌地将他领到会客室，请他坐下稍等，便进院内通报去了。这时，朱兆祥感到心情有些紧张，因为眼前他将要会见的是一位举世闻名的元帅。当他正在考虑见面时要说的第一句话时，房门开了，走进来的却是在东北刚刚见过的陈赓大将。陈赓伸出手来，爽朗地说道："欢迎，欢迎，我们是老朋友了。"

当他们坐下后，陈赓开门见山地向朱兆祥提出了一个问题："我想问问你，这次钱先生参观了哈尔滨军事工程学院以后，对你讲了些什么？他有些什么意见？"朱兆祥思忖了片刻。陈赓见状忙补充说："你不要有什么顾虑，讲他的原话，实话实说嘛！"

朱兆祥点了点头，说道："钱先生对军工学院总的印象是很好的。只是他看到学院有几十名苏联专家很不以为然。他说，一个学院要这么多苏联专家干什么，难道我们中国人自己干不来吗？他还感到，由于那里的一切

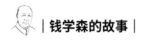
由苏联专家说了算，我国的科技人员对他们的依赖性太大，不能发挥大家自主创新的积极性和主动性。"

朱兆祥把话一口气说完，心中却开始有些忐忑不安，担心话说得太重，他默默地静候着陈赓的反应。出乎朱兆祥意料的是，陈赓不仅没有发火，相反还激动得一拍大腿，站起身来，说道："好啊，讲得好。我们需要的就是像钱先生这样具有民族气节的人才。你们科学院的同志办了一件大好事，能够把钱先生这样爱国的知名的科学家请了回来。"

钱学森的意见应该说是在陈赓的意料之中的，因为他从钱学森和哈军工科技人员的简单对话中已经有所察觉，而钱学森给他的回答又是那样的干脆和果断。这位将军深切地感悟到钱学森身上的这种强烈的民族自尊心和自信心是科学家无比可贵的品质。哈军工存在的问题，陈赓并非不知道，只是它关系到国与国之间的关系，实属无奈。今天，他从朱兆祥的谈话中得到了印证，这怎能不使我们的将军感到兴奋呢？

接着，陈赓对朱兆祥说道："我们的彭老总知道钱先生是火箭专家，很想见见他，要向他请教几个问题。你们还在东北的时候，他就好几次问我你们回来了没有。不巧的是，彭老总现在生病住院了。等我跟他约好日子，我们一起去医院看看彭老总怎么样？"

"那当然好。"朱兆祥连忙点头答应。

"那就麻烦你把这个意思转达给钱先生。这件事，请科学院的同志一定支持呀！"这位名震中外的战将，说起话来如此诚恳谦虚，这使得朱兆祥深受感动。他连声说道："当然，当然支持。"

1955 年 12 月 26 日下午，钱学森在陈赓大将的陪同下，来到首都医院看望彭德怀元帅。

过惯了军旅生活的彭老总谈话直截了当，对钱学森说道："我们是社会主义国家，我们不想找人家的麻烦；但是，我们应当具备先进的防御能力。历史的教训是，你落后，人家就来打你。"

停顿片刻，彭老总向钱学森提出了他思考已久的问题："我想和钱先生探讨一下，譬如说射程500公里的短程导弹，我们是否可能用自己的力量造出来？需要什么样的人力、物力和条件？估计需要多长时间？"

钱学森略作思考，从容地回答："搞火箭当然不是一件容易的事，需要有一支搞研究和设计的队伍，需要建一些地面试验设备，也需要有专门的加工制造工厂，原材料可能需要全国各有关部门的支持。至于人力、物力，这需要仔细估算一下。而时间嘛，美国从军方开始支持搞火箭，到搞出第一枚火箭，用了近10年的时间。我想，我们可以比他们快，有5年的时间我看是可以的。"

彭德怀听到这位火箭专家这么有信心、有把握，非常高兴，对身边的陈赓说："我们的军队不能老做'土八路'，也要学点洋玩意儿，你一定要安排钱先生给我们军队高级干部讲讲课，让大家都开阔眼界，长长见识。"

这真是一次别开生面的会见。一方是担任着军政要职的元帅，一方是从国外归来不到3个月的著名科学家。他们的第一次会面，竟然没有国防部长对归国海外赤子的那种欢迎式的寒暄，也没有一个学者对病榻上的元帅礼节性的问候。开门见山地就谈起了他们心中的要事，完全像老朋友、老战友之间推心置腹的晤谈，真可谓"不是一家人，不进一家门"。

多次与国家领导人的亲切晤谈，令钱学森真切感受到了新中国对知识和人才的尊重。这更加强化了他回国以来内心感受——祖国的热情款待和美国的软禁境遇大相径庭，国家面貌也与他1947年回国探亲时判若云泥。

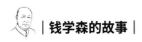

现在的中国进入了一个人们坦诚相待、心情舒畅的年代，经历过 100 多年的内忧外患，人们相信几代人为之奋斗的民主和科学理想就在眼前。一切都是新的，人们憧憬着未来。这样的气象让钱学森感到耳目一新。

国家科学研究最高机构中国科学院在得知他即将回国时，就决定成立力学研究所，并任命钱学森为所长。在新的国家、新的岗位上开始工作的钱学森，心情无比舒畅。

3
从力学专家到战略科学家

1956 年 1 月，中共中央在北京召开了知识分子工作会议。周恩来总理在会上做了《关于知识分子问题的报告》。

这时的钱学森作为世界著名的力学家，已经完成了中国力学研究的布局，开创了应用力学领域的新局面。如果之后一直执着于力学领域的研究，定能取得有新的建树。但 3 月的一次会议，让一切都发生了改变。

1956 年 3 月 14 日，国务院在北京召开了科学规划会议。组织钱学森、李四光、钱三强、华罗庚等 600 多位科学家，一起研究制定《1956–1967 年科学技术发展远景规划纲要》，这个纲要后来被称为科技发展的"十二年规划"。钱学森参与了整个规划的制定工作，并担任由 12 名科学家组成的综合组组长。这是从国外回来的钱学森第一次参加这么高规格的全国会议。大家都惊讶于他离开了祖国 20 年之久，竟还说着一口标准的普通话，甚至还带着浓重的京腔京味儿。而更让人们惊讶的是，钱学森态度鲜明地反对优先发展飞机，而是提出优先发展火箭。

实际上，在国务院科学规划会议之前，党中央、国务院和中央军委已经确定优先发展飞机制造。但钱学森

钱学森任中科院力学所所长时留影

提出，与飞机相比，火箭武器的速度更快，在战争中，无论是从攻击或防御的角度看，都具有无法替代的技术、战术性能。最重要的是，他告诉人们，攻克火箭技术并不比飞机更难。因为火箭是无人驾驶的一次性武器，而飞机则有人驾驶，且要求多次使用，这在发动机、结构、材料和飞行安全等问题上都有更多特殊的要求。

钱学森还将火箭的中文译名首次定为"导弹"。当时负责翻译英文材料的是国防部五部教员朱正。他向钱学森请教，究竟该如何更为准确地翻译"Guidance"这个使用频率很高的单词。钱学森将其翻译为"制导"，能够制导的飞弹就叫它"导弹"吧！从此以后，在中国有了"导弹"这个专有名词。其实，钱学森的"发明"还不止于此，"航天"一词也是他的专利。过去大家用的比较多的词是"空间技术"，也有人用"航空"。但钱学森认为航空是在空气里飞，火箭已经在空气上面了，怎么还能叫航空呢？后来，受到毛主席诗词"巡天遥看一千河"一句的启发，到了 60 年代，钱学森首创了"航天"这个词。一开始还有争议，后来全国人大批准成立航天部，"航天"就成了通行的叫法。

钱学森告诉大家，由于苏美两国加紧发展以导弹、核武器为代表的尖端武器，不仅彻底改变了现代战争方式，而且为两国发展航天技术打下了基础。中国优先发展导弹，不仅可以大大提升国防安全，而且能带动高科技的跨越发展。

1956 年元月，应陈赓大将的邀请，钱学森在积水潭总政文工团排演场礼堂给在京的我军高级将领们做了题为"关于导弹武器知识的概述"的报告。他深入浅出、形象生动的讲解，让将军们听得津津有味，并对导弹这一尖端武器产生了莫大的兴趣和无比的神往。当时极力主张优先发展飞机的空军司令员刘亚楼少将说，钱学森对发展飞机的反对和对导弹的介绍，曾让他们大吃一惊。有幸在场听课的总参作战部参谋李旭阁估计是全场军衔最低的军官，他对钱学森在报告中说的一席话，一直铭记在心：

中国人完全有能力，自力更生制造出自己的火箭。我建议中央军委，成立一个新的军种，名字可以叫"火军"，就是装备火箭的部队。

正是钱学森这一建议，促成了后来的"第二炮兵"、现如今的"火箭军"部队的诞生。

不久，钱学森又应周总理的邀请在中南海怀仁堂给中央领导讲课，台下坐着的都是国家总理、副总理和各部委的部长们。

钱学森的几次报告在国家和军队的高级领导中普及了导弹知识，从科学技术的角度解开了大家的疑虑，也坚定了大家发展导弹武器的信心和决心，有力推动了导弹研制事业的进程。此时的钱学森热血沸腾，他感到自己多年来为国效力的夙愿终于要实现了。中国国防军事科技，中国的火箭导弹事业，正需要他大展宏图。

最终，"十二年规划"确定了57项重大研究任务，其中的第37项就是火箭及喷气技术的规划设计就是由钱学森与任新民等人合作完成的。而在这57项重大研究任务中，有六项被确定为紧急重点任务：导弹和原子弹、电子计算机、半导体、无线电电子学、自动化技术等并列其中。

早在1955年1月，毛泽东听了钱三强、李四光等科学家的报告后指示原子弹要排上日程。中国研制原子弹的工作正式启动。半年之后，中央成立了专门负责指导"原子能事业"的三人小组，由陈云、聂荣臻和薄一波组成。

钱学森在高层领导中做了大量宣传、普及工作后，很快，两弹中的

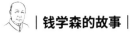

"另一弹"——中国导弹事业的研制部署也正式启动了。钱学森按照周恩来总理的嘱托，起草了《建立我国国防航空工业意见书》，提出了优先发展导弹的设想。1956 年 5 月，中央军委向党中央提交了《关于建立我国导弹研究工作的初步意见》，很快得到中央书记处的批准。邓小平表示："你们放手去干，成功了，功劳是你们的；失败了，责任由书记处承担！"

到了 1958 年 5 月，中共八大二次会议将研究尖端国防武器作为议题，许多被热情鼓舞的领导人一致要求，加快研究原子弹、导弹和人造卫星。自此，便正式有了后来人们说的"两弹一星"。

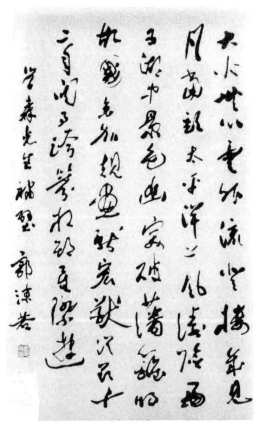

郭沫若题写《赠钱学森》发表于 1957 年的《文汇报》

可以说，由于钱学森的作用，尚未摆脱一穷二白面貌的中国，把以国防尖端武器为代表的科研领域锁定在世界最前沿，这一决策的历史性意义和深远影响在以后的岁月里才愈发显现，也由此奠定了钱学森作为战略科学家的重要地位。在制定"十二年规划"的过程中，中科院院长郭沫若以诗人的特有方式表达了对钱学森的欣赏。他挥毫泼墨，以一首七律相赠：

大火无心云外流，望楼几见月当头。

太平洋上风涛险，西子湖畔景色幽。

突破藩篱归故国，参加规划献宏猷。

从兹十二年间事，跨箭相期星际游。

钱学森在导弹方面的卓越才能和表现，打动的不仅仅是郭沫若，而且还有党中央。经过制定"十二年规划"，让钱学森领衔导弹发展大计成为必然的选择。

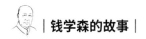

4

严师出高徒

钱学森多年从事教育工作，他为中美两国都培养出的不少高素质的科技人才都是拔尖的创新人才。

钱学森为什么能培养出拔尖人才？

首先，他本人就是一位时刻站在学术前言的拔尖教授。这一点，他在美国的学生和同事都深有感触。据他在美国的一些好友，如弗兰克·马勃教授和 W. R. 西尔斯教授回忆说，钱学森常常把自己在科学研究上的最新成果融入教学之中，他讲课从不按照既定的教材照本宣科，喜欢把科学上最新的东西讲给学生听，所以，他的讲课内容总要比教科书上的高深多了。他在加州理工学院开设"工程控制论"和"物理力学"两门课时，就是边研究边讲课。等他的课讲完了，把厚厚的讲义加以整理，出版出来，就成为一部世界前沿的科学巨著。

钱学森回国后还把他在美国任教时行之有效的教学方法带回了国内，最有代表性的就是他的研讨式授课，这给国内带来了崭新的学术风气。从在加州理工学院读博开始，他就十分享受导师冯·卡门教授倡导的研讨式学习。此后，他将这样的授课方式带到了麻省理工，如今又带回了中国。他开设了各种讨论班，让所有人都可以不论资历，平等地讨论问题。他对当年卡门教授勇敢承认自己的错误并向自己诚恳道歉的事情印象极为深刻，也时刻以导师为榜样，从不摆权威的架子。科学面前人人平等，他鼓励学生提出不同意见，相互争论，甚至向自己提出质疑。即使争得面红耳赤，他也从不会生气。讨论发言是一种压力，甚至是逼迫，为了能言之有据，学生们不得不深入研究要讨论的问题。因为不出声的学生是要被教授批评的。学生戴汝为初生牛犊不怕虎，竟拿着一本经典外文教材的中文译稿找到钱学森："钱先生，我认为这本书上的方法应该改进改进，是不是这样改一下，可以更简单？"钱学森欣慰地望着这个小伙子，但他并没有马上表态，而是慎重地研究了一晚，第二天才用笔在稿子上做了批注：可以。钱学森实事求是的科学精神潜移默化地影响着自己的学生。

当然，钱学森依然是出了名的严格。

这不奇怪，因为钱学森对学生的严格要求可谓一以贯之。麻省理工学院的一位明星教授曾经是钱学森在美国最好的学生之一。他说："钱教授的考试总是非常难的，他可能出四五

钱学森在中国科学院力学研究所授课

道题，你只能希望解出一道，或者对其中一个以上的考题给出不错的开头，如果你做到了这一点，并且做得不错的话，你会得到钱教授给的 A。"

钱学森在出任中国科技大学力学系主任时，就常给科大力学系的学生吃"杀威棒"。1961 年 9 月钱学森先生给力学系的 58、59 级四百多名学生亲自讲授"星际航行概论"课程。对于钱学森的严谨治学，学生黄吉虎印象深刻：

钱先生每周上一次课，一次四个学时，一个学期中只有一次因去苏联访问而调课外，从没有缺席过。钱先生的声音洪亮、语言精练，对授课中

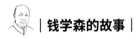

的重点、难点和疑点讲述得十分清楚。板书非常规矩，数学推导严谨、漂亮。钱先生每次上课总是先用四五分钟时间讲点航天技术方面的国际动态，鼓励同学为祖国的航天事业贡献出自己的才智，最后又布置一些思考题，使同学在课后多加思索，培养同学干一行、专一行和养成善于思索的良好习惯，以发挥同学在航天技术方面的创造性。

聆听大师的直接面授，使每个听课的同学兴奋不已。但见到钱先生出的考试卷，大家都傻了眼。他的考试是开卷考试。做学生的，就怕开卷考试，因为开卷考试所出的题目肯定是在讲稿上、笔记本上找不到的。时间正是寒冷的一月份，看到试卷上仅有的两道题，大家更觉得寒意十足。第一道题还好，是基本的概念题，占了 30 分，大部分同学还可以拿到 20 分；可第二道题才是真正的考验，题目是"从地球上发射一枚火箭，绕过太阳再返回到地球上来，请列出方程求解。"这道题的题面简单又明确，可就是让学生们没法下手。火箭的速度要达到第二宇宙速度是必定的了，但先得脱离地球的引力，也就是说首先要达到第一宇宙速度，再加速到第二宇宙速度；火箭的运行轨迹一定要与地球绕日轨迹在同一平面。但地球附近还有月球，地球本身还在自转，因此边界条件的确定就十分困难。这可把全班学生都给难住了，大家都冥思苦想，抓耳挠腮，很难下笔。考试从上午八点半开始，直到中午还没有一个人交卷，中途还晕倒两个学生被抬了出去。钱老宣布说："吃午饭吧，吃完接着考。"到了傍晚，大多数人还是做不出来，只好无奈地交了考卷。成绩出来，不出所料，有 95% 的人都不及格！当然，钱学森并不是想故意为难学生，在"教训"他们一顿的目的达到之后，还是"仁慈"地让大部分学生过了关。为此，他想了一个"怪招"：把每个学生的考卷成绩开方再乘以 10，算作是这次考试的最终成绩。这样一来，你若勉强得了 36 分，开方等于 6，乘以 10 就是 60 分。所以，凡 36 分以上的学生都得到了及格的成绩；而你若是一个特等优秀生，考试满分 100 分，100 分开方等于 10，再乘以 10 还是 100 分。所以考 100 分的人也不吃亏。对他这个怪招的合理性，谁也挑不出毛病，结果有 75% 的人都及格了，再加上平时成绩，这门课有 80% 的人过了关，皆大欢喜。

成绩是及格了，但是钱学森显然对考试结果很不满意，他认为同学们的数理基础还不很不扎实，需要补课。就这样，力学系 58 级毕业生统一推迟了半年毕业，专门补习工程数学和高等数学。钱学森选用的教材就是加州理工冯·卡门和比奥编写的《工程中的数学方法》，而"高等数学"则从极限到数理方程，统统补了一遍。半年下来，光数学题就做了近 3000 道。虽然工作晚了半年，但对学生们来说，最大的好处就是打下了扎实的数理基础。绝大部分学生在后来的科研工作中受益匪浅，很快成为同年龄科技工作者的拔尖人才，并在"两弹一星"工程中做出重要贡献。

性格是长期养成的，一旦形成，改变起来颇为困难。钱学森依然保持着学术上的一丝不苟和不讲情面，有时甚至到了令人难以接受的程度。他远在美国的学生们就都曾见识过他的"恐怖"。

按理说，不懂就问，应该是一个和蔼可亲的老师常用来鼓励学生的话。可是，要向钱先生求教问题可得三思而行，一定要在自己使尽浑身解数而不得其解的情况下，否则，很快就会尝到钱

钱学森给中国科学技术大学力学系学生讲课

先生的"厉害"。戴汝为就曾遭受了这样难堪的局面。有一次，他鼓起勇气连问了钱学森两个问题。钱学森听完，冷冷地说："听不懂，不知道你在说什么。"一句话令空气瞬间凝固。他立刻明白，老师是认为问题说得不清楚，提问的人根本就不知道自己到底想要问什么。戴汝为尴尬地说不出话来。

担任钱学森在中科院力学所第一任秘书的，是北京大学数学系的青年教师张可文。她对钱学森在学术批评方面的不近人情同样深有感触。有一次，一位北大的副教授专程来到钱学森的办公室请教问题。钱学森并不让座。这位副教授便一直像个小学生一样，站在钱学森的大办公桌前半个小时之久，直到低头鞠躬离开。而钱学森认真听罢，只严肃地反问了一句："这个问题你还不懂？！"亲身经历了这一幕的张可文思忖再三，决定鼓起勇气，向这位备受敬畏的大科学家指出他的缺点。张可文深知，之所以那么多人害怕钱先生，其实只是因为他始终如一严肃的学术态度。但不可否认，这也是他的问题，必须让他知道。张可文决定寻找一个恰当的时机。机会终于来了。这一天，钱学森看上去心情不错。张可文便瞅准机会用轻松的口吻笑着说："钱先生，这下我可知道了，为什么那么多人怕您。"钱学森立刻一怔，颇为奇怪地看着张可文，显然从没有人向他说明和解释过这个事实。张可文自然地提起那位北大副教授的尴尬经历，并诚恳地提醒他说："钱先生，你想想看，好歹人家也是堂堂北京大学的一个副教授，你也不叫人家坐，还当着我的面，那么严肃地对他说：'这个问题你还不懂'，他得多下不来台啊！人要脸，树要皮啊。"钱学森这才恍然大悟地意识到了什么，一句话也没有说。

在对待科学的问题上，他一向保持着实事求是的态度，对就是对，不对就是不对。如果他认为不对，会不留情面地指出，甚至反驳，从不因为要照顾对方的面子，说些违心的恭维话；但如果觉得是正确的意见，他常常以沉默表示承认和接受。在说话的问题上，钱学森习惯了直来直去。但自从有了张可文这次直言不讳的批评建议，他开始意识到了自己的问题，在以后多年的工作中，努力地注意并改正。也因为此事，他与张可文成为终身的挚友。

都说严师出高徒。钱学森几十年一直致力于科技人才的培养。回国后，他先后参与了中科院与清华大学举办的"工程力学研究班"的教学，给学生们讲授"水动力学"；给国防部五院新分配来的大学生讲授"导弹概论"；参与创建了中国科技大学，并亲任力学系主任。接受他指导的弟子们都大大得益于他的从难从严和不留情面。他们中，许多都成长为优秀的科学家、工程师和教育者，活跃在海内外。尤其是在他回国后培养的人才中，大多成为同龄人中的佼佼者，有的在"两弹一星"工作中担当重任，还有不少成长为中国科学院和中国工程院两院院士，成为国内顶尖的科技人才。

5

艰难起步

新中国的新气象让钱学森深受鼓舞，但和他刚刚离开的美国相比，经济差距是显而易见的。而他就要在这样的基础上，发展中国高科技武器装备。为了加快导弹研究，1956 年，中央决定成立国防部第五研究院，作为专门的导弹研究机构，由钱学森担任院长。在国力并不强大的 20 世纪 50 年代，只有集中力量才能办成大事。成立五院就是为了便于集中国家人力、物力、财力，力保关键领域取得突破。

周恩来总理亲自签发的钱学森的五院院长任命书

就在北京西郊一所部队医院的简陋食堂里，国务院副总理、国家科委主任聂荣臻元帅代表国务院、中央军委宣布国防部第五研究院正式成立，并宣布了建院方针：以自力更生为主，力争外援和利用资本主义国家的已有科学成果。

初创时期的五院就只有三所空房子。面对这样的艰苦条件，五院人充分发扬了艰苦奋斗的精神。没有地方睡，就搭帐篷、睡通铺；没有地方办公，就借用了南苑机场的机库铁皮棚子。夏天铁皮机库中酷热难当，研究人员一边流着大汗，一边用计算尺、手摇计算机搞设计。

五院承担着火箭的研制工作，面对这样一项高精尖的科研项目，第一需要的就是人才。

钱学森向聂荣臻元帅提出，从其他科研单位抽调人手充实五院的力量，而当时他最先想到的就是曾经参观过的哈尔滨军事工程学院。哈军工是当时全国唯一能接触到导弹的单位，刘居英副院长为了难，把学校的精英全都抽调走了，那学校该怎么办？陈赓院长态度明确：成立五院，是当前全国的计划，军工必须无条件支持！

选调不能彻底解决人才短缺问题，因为优秀的科研人才在全国普遍紧缺。于是，五院开始着手自己培养人才。钱学森亲自授课，办起了导弹专业培训班。五院汇集了来自全国各地的一百多个大学生，可其中没有一个是懂导弹的，因为全国的高校中还没有开设导弹专业的。钱学森给学生们开设了"导弹概论"课程。对于刚刚毕业的年轻大学生们来说，虽然学习条件简陋，只能在食堂里坐在条凳上听课，可讲台上站着的是全世界有名的科学家。大家都很珍惜这次学习机会。钱学森不仅细致讲授导弹知识，更把在中国开创导弹事业的责任感传递给学生，成为中国第一代导弹人的启蒙者和领路人。

在解决人才匮乏问题上，钱学森得到了党和国家的有力支持。周恩来总理很快指定聂荣臻召集中国科学院、教育部、清华大学、哈军工等33个部门负责人开会，要求他们立刻出人。陈赓院长首先割爱，把钱学森点名的任新民、庄逢甘等科学家送了过来。任新民在美国获工程力学博士学位，后于1949年回到祖国，后来成为中国第一代液体火箭、通信卫星、气象卫星的总设计师。庄逢甘，从美国学成归来，在哈军工专门从事风洞的研究，他参与筹建了亚洲最大风洞的研制工作。

　　根据五院"力争外援"的方针，国务院也曾经向苏联政府提出了有关国防尖端技术的援助要求。但苏联政府对我国的要求，态度十分审慎，迟迟不作答复，拖了一年之久，直到1957年7月才复函中国政府同意我国派代表团前往苏联谈判有关国防尖端武器的发展和生产问题。1957年9月，中国政府组成了聂荣臻副总理、第二工业机械部部长宋任穷、副总参谋长陈赓率领的，包括顾问专家在内共31人的代表团赴苏联谈判。钱学森则是以中将军衔参加了代表团。

　　说起来，这里面还有个小小的插曲——苏联政府对代表团赴苏的问题迟迟没有复函，斟酌再三复函后还附加了一系列的条件。苏联国防部表示，苏联的火箭、导弹和其他尖端技术设备需高度保密，中国代表团的成员必须都是具有相当级别的政府官员和相当高级军衔的军官。

　　当时，钱学森已列入代表团成员名单，但他没有军衔，更不要说"相当高级"的军衔了。而他是必须去苏联的成员之一，因为在这支代表团成员中他是唯一通晓国防尖端科学技术的科学家。此事被周恩来总理知道后，立即建议中央授予钱学森中将军衔。周总理诙谐地说："早在1945年美国政府就曾授予钱学森上校军衔。现在已经过去了12年，我们为什么不能让他当将军呢？就是按军队的晋升制度，也该轮到钱学森当将军了。"中央军委很快做出决定，授予钱学森同志中将军衔。于是，在中国代表团的军队代表中，又增加了一位钱学森将军。

　　其实，这已经是钱学森在短短一年多的时间里，再赴苏联了。身为火箭专家从美国回国，加上著作《工程控制论》俄文版在苏联出版，钱学森受到苏联科学界的高度重视，甚至追捧。1957年9月7日，钱学森以中国政府工业代表团成员身份，再次前往苏联。而此时，赫鲁晓夫将马林科夫、莫洛托夫、布尔加宁以及国防部长朱可夫等人陆续赶下台，掌握了苏联党政大权。在政权尚未巩固之时，还十分需要我国的支持。因此，中苏关系出现了短暂时的"蜜月期"。此时，对中国代表团的到来，苏方给予了高规格的接待。

这一次的中苏军事技术谈判进展非常顺利——1957 年 10 月 15 日，中国和苏联在正式签订了《关于生产新式武器和军事技术装备以及在中国建立综合性原子能工业的协定》（简称《国防新技术协定》）。根据这一协定，苏方在 1957 年底至 1961 年底，除供应我国四种原子弹的样品和技术资料外，还决定供应的样品和技术资料，苏联同时派遣专家，帮助中国核弹导弹基地的工程设计。当时，处于冷战时期的苏美两国，在高科技领域展开了激烈的竞争。随着 1957 年 10 月率先发射了人类第一颗人造卫星，苏联在两个超级大国的军备竞赛中取得暂时的优势。

中央始终没有改变"以自力更生为主"这条我国发展军事尖端科学技术的既定方针。钱学森领导的中国导弹研究工作人员，也不打算躺倒在苏联现成的导弹图纸上睡大觉，坐享其成。聂荣臻和钱学森根据苏方的允诺及其实施情况，根据我国国防建设的需要，一起研究确定了三步棋：先仿制，后改进，再自行设计。

1957 年底，根据中苏签订的协议，苏联运来了导弹样品。这是钱学森十分熟悉的导弹型号，是苏联在德国 V2 型导弹的基础上仿制的。作为射程只有几百公里的这枚导弹，在当时已经相当落后。但对中国导弹事业而言，必须通过"照葫芦画瓢"，才能更快地迈出第一步。中国的第一枚导弹就从仿制开始了。这枚导弹后来被命名为"东风一号"。

1958 年 5 月 29 日，在刚刚落成的国防部五院大楼内召开了一次重要会议，讨论对苏制 P－2 导弹的仿制工作。由钱学森向会议提出了仿制方案。当时，困扰钱学森的最大难题是按照仿制的要求，我国军事科研体制尚不配套，有大量技术工作需要完成。尽管全国有 1400 个单位直接或间接地参与了仿制，但作为研究和设计单位的五院，仍然急需一批各行各业的理论设计人员。为此，党中央专门为五院发了红头文件——《关于迅速完成提前选调给国防部五院的应届大学毕业生的通知》。通知要求各省、市、自治区党委应由组织部长亲自负责挑选审查，保证质量与数量。于是，来自全国各地的应届毕业生，纷纷奔向五院。到 1960 年，五院已由数百人猛增至上万人。

在五院会议上发言的钱学森

当然，这些从全国各地选调来的大学生，依然大量存在专业不对口的问题。钱学森只好再次办起了导弹技术训练班，继续进行补课。五院人员大量增加以后，钱学森按照仿制与研制的要求，研究相应配套的新体制，重新组织分工。有些课题组要新建，原有的课题组要充实扩大，这一切都要钱学森亲自策划，亲自参与。

随着科研机构的健全，仿制工作全面展开。钱学森夜以继日地投入到理论设计工作以及组织工作。白天，他带领年轻人在实验室里做实验；夜晚与年轻人们一起，消化资料，做课题论证，推导运算，常常是通宵达旦，废寝忘食。

为了"东风一号"的仿制工作，钱学森不知度过了多少个不眠之夜。在总体设计部，在控制系统，在弹体结构研究室，在推进剂研制室，到处都有钱学森的身影。然而，在百忙之中，钱学森不忘抓主要矛盾，抓关键部位。他始终把主要精力倾注在火箭发动机上。因为，火箭发动机是导弹的"心脏"。

导弹工程千头万绪，事事要从头干起，谈何容易！所幸的是，一开头，绝大多数苏联专家对中国的帮助还是诚心诚意的。这使得钱学森还稍稍喘了一口气。但是，好景不长。中苏关系的"蜜月期"很快结束，随之而来的，是由不公开的冷漠到公开的决裂。中苏关系的这种微妙的变化，钱学森是最清楚的——

第一个敏感点，就是"核子"领域。1959 年 6 月，苏共中央致函中共中央，通知暂缓向中国提供原子弹教学模型和技术资料。这是一个信号。实质上是苏联单方面撕毁了 1957 年 10 月 15 日在莫斯科签订的中苏关于"国防新技术协定"的条款。对此，中共中央政治局决定，对苏共中央的无理来函不予答复。但是，此事已出，中央只有横下一条心，自力更生，自己动手，从头干起。

1959 年 9 月，五院在莫斯科与苏方进行设备分交的谈判。按协议，苏方应供给五院 100 吨不锈钢材，但苏方竟翻脸不认账。随后，苏联实际上中断了对我国的一切援助，一些应到而未到的图纸资料和样品，全都卡住不再交付。那只曾经伸出的友谊之手，一下子缩了回去。到 1960 年，事态发展得更趋严重。这年 6 月 24 日至 26 日在布加勒斯特举行的社会主义各国共产党和工人党代表会议上，苏联共产党对中国共产党公然进行了全面攻击。1960 年 7 月 14 日，苏联政府突然又照会中国政府，在一个月之内，撤走了在华的全部 1390 名专家，并带走许多重要的设计图纸和相关资料，同时停止发送建设急需的设备、关键部件和重要物资。仅 7 月一个月之内，苏联单方面撕毁同我国签订的 343 个专家合同和合同补充书，废除了 257 个科技合同，许多援建项目一时陷入了停顿。而这时，正是"东风一号"导弹仿制的关键阶段。

所有这一切背信弃义的行动，对于正处在蹒跚学步的中国航天事业来说，无疑是一次严重的打击！正在北戴河召开中共中央工作会议的毛主席举重若轻，他说："要下定决心搞尖端技术。赫鲁晓夫不给我们尖端技术，极好！如果给了，这个账是很难还的。"这番话尽显这位无产阶级革命家的眼光与气概，同时也更加坚定了中国尖端科学技术自力更生，奋发图强的发展方向。我们别无选择！中国人要依靠自己的力量搞尖端技术，要造出自己的原子弹和导弹。

就在苏联专家撤走后不久，钱学森叩开了聂帅家的红漆大门。他来到聂帅身边，说道："苏联专家撤走了，这是预料之中的事情。只不过事情来得早了一些，突然了一些。"

聂帅点点头。接着，二位将帅相对而坐，久久地沉默。

"你觉得我们的导弹事业能够顺利地继续下去吗？"聂帅开口问道。

"能，我们能够成功！"钱学森充满信心地回答了聂帅。

在外国人面前，钱学森向来是不服输的。他对于眼前发生的一切，似乎早有所准备。钱学森在关键时刻表现出的大智大勇，已经远远地超出了一个普通的爱国科学家可以达到的境界。

钱学森充满必胜信心的话语使聂帅为之一振。聂帅说道："你的话跟中央想到一块儿了。毛主席最近就说赫鲁晓夫不给我们尖端技术极好。"听到毛主席这样诙谐而充满自信的语言，钱学森笑了，聂帅也笑了。聂帅继续说道："我们党有了你们这样一批科学家，就是有天大的困难，也能够把我们的科技尖端事业继续下去，发展起来。你常说，中国人是很聪明的，中国的科技人员并不比洋人笨。我们就是要依靠自己的专家，搞出自己的火箭和导弹来。"

钱学森怀着激动的心情连连点头。

这一天，聂帅在自己家中宴请了钱学森、梁守槃、屠守锷、任新民等五院的导弹专家，实际上就是给大家打气鼓劲。席间，聂帅还特意给大家传达了一段毛主席的讲话：赫鲁晓夫撤走专家，对我们来讲，是一件好事，我们应该给他颁发一个一吨重的大奖章。因为他催促我们一定要自力更生。

1960 年 10 月中旬的一天，钱学森应邀出席了人民大会堂的一次大型宴会。参加宴会的都是首都六级以上的工程师以及科研部门各个学科的带头人。陈毅、聂荣臻、陈赓等受周总理的委托宴请科学家们。聂帅在这次宴会上动情地说道："逼上梁山，自己干吧！靠别人是靠不住的。以后就靠在座的大家了。党和国家相信我们自己的科学家，相信你们会成功！"

一种卧薪尝胆、励精图治的悲壮，一种赴汤蹈火在所不辞的豪气，充满了宴会大厅。

在这种氛围里，钱学森抑制不住那种只有出征的将士才有的激情，他即席讲道："聂帅说，中国的科技人员并不比别人笨，这是客气了。我说，中国科技人员是了不起的。我们不仅有聪明智慧，我们还能够艰苦奋斗。只要国家给了任务，大家便会夜以继日、废寝忘食地去干，甚至为此而损害健康，直到牺牲，也不泄气。有了这种精神，我们就不怕落后，不怕困难多。我们一定要赶上去，我们能够赶上去！"

对钱学森的讲话，大家报以热烈的掌声。这掌声也是一种语言，是赞同，是响应。

宴会以后，周总理还特意安排出席宴会的各路专家观看了北京人艺演出的话剧《胆剑篇》。这次宴请和演出，是周恩来总理精心安排的一次科技界的誓师会和动员会。

此后，钱学森带领任新民、屠守锷、梁守槃、黄纬禄、庄逢甘、林爽以及谢光选、孙家栋等我国的第一代航天专家，开始了中国航天史上的长征，中国的导弹研究在艰难中取得了重大进展。

6

第一枚"争气弹"上天

在导弹仿制工作之前，中国科学院下属的上海机电设计院就率先开始了探空火箭研制工作。在理论基础不够、工业基础缺乏的条件下，关于工作如何开展，都要研究后上报中国科学院，最终由钱学森来指导和批准。1960年2月19日，我国第一枚探空火箭在上海郊区的老港镇试验发射。发射场上有一个简陋的发射架，还有六台绞车用以调整火箭的发射角度。钱学森亲自到现场指导，观看了火箭发射的全过程。发动机刚刚开始点火，钱学森就颇有把握地说："嗯，这个火箭能飞上去，但是，飞得不会太高。"果然，这枚火箭成功发射，但只飞行了8公里。现场的技术人员对钱学森的准确预测惊叹不已。之后，在钱学森的指导下，上海机电设计院又成功发射了几枚探空火箭。在如此简陋的条件下，探空火箭在增强了中国人民战胜困难信心的同时，也凸显了中国工业基础的薄弱、科研水平落后的实际情况。但，这枚仅仅飞行了8公里的探空火箭，为中国火箭和

1960年2月19日，在上海南汇老港镇钱学森现场观看指导首次发射"T-7M"探空火箭

导弹的研制积累了宝贵的经验。

另一方面，"两弹一星"的发射试验基地开始启动。在苏联政府的帮助下，经过周密的选址，中央确定在新疆的罗布泊建设原子弹试验基地、在内蒙古额济纳旗建立导弹发射基地。超过十万人的军队在中国西部的荒漠戈壁上开始了一项艰苦的建设工程。当时，六亿人口的中国已经提前完成了第一个五年计划，国家工业体系初具雏形，在某种程度上，为核弹和导弹研制提供了物质保障。但是，薄弱的工业和科技体系仍让初创时期的国防尖端科研事业面临极大困难。

1957 年 9 月在赴莫斯科的飞机上，聂荣臻问钱学森："中央叫我们 7 年之内搞出自己的导弹，你觉得还有什么困难？"钱学森乐观地说："我有个预感，也许不用 5 年。因为我们的制度能使科研力量高度集中，意志高度统一，这比美国更适合搞火箭工程。"

钱学森的预测又一次被证明是正确的。1958 年 10 月开始到 1960 年 9 月，经过钱学森等一大批航天人历经两年七百多个日日夜夜的奋斗，我国第一枚仿制型的 "1059" 地地弹道导弹，也就是 "东风一号" 导弹研制成功。这是在苏联停止援助的困难处境下，并且比预想研制计划大大提前，只用了三年多的时间。

但就在 "东风一号" 导弹准备从北京运往导弹试射场的时候，1960 年 10 月 24 日，苏联发生了一次世界上最为惨烈的导弹发射悲剧：苏联国防部副部长、炮兵主帅和战略火箭军总司令米特罗凡·伊万诺维奇·涅杰林元帅和发射场上的 160 名工程技术人员全部遇难！那天，正是赫鲁晓夫作为苏共中央第一书记访问美国的时候，他临行前还特别给涅杰林元帅下达任务："我赴美国谈判，当我的脚踏上美利坚合众国土地的时候，你要给我放一枚导弹，吓唬吓唬美国人！"然而，为了完成这一政治任务，这位元帅不得不在没有卸载全部燃料的情况下冒险抢修导弹故障，结果酿成大祸。

这次重大事故距离"东风一号"导弹预定发射时间仅有20天，无疑对所有人无形中产生了巨大的压力。聂荣臻元帅叮嘱大家："一定要沉着、冷静，做到万无一失！"

钱学森选派了他的得力助手耿青来完成导弹的押运工作。1960年10月23日0时45分，一趟有18节客货和特种车厢组成的专列，载着"东风一号"导弹，从北京永定门车站起程，驶向酒泉导弹试射场。耿青明白，精密的水平陀螺仪是"东风一号"导弹的关键部件，于是专门成立了5人"保姆"小组，轮流抱着仪器坐在软席卧铺上，确保水平陀螺仪安全运抵基地。10月27日，"东风一号"导弹终于安全运达发射场。11月3日，测试吊装完成，导弹犹如一把利剑，直指蓝天。

11月4日，在张爱萍、陈士榘两位将军和钱学森的陪同下，聂荣臻元帅从北京飞抵酒泉发射场。聂荣臻一到达，就开始视察发射现场，他说："这是我国自己生产的导弹，试验工作一定要严肃认真，不能有丝毫马虎。"

钱学森坐镇指挥，仔细检查发射前的准备工作。

在发射前夕，突然发现导弹舵机有漏油现象。这是极为严重的技术故障。经检查，原因是舵机油压轮泵光洁度不符合要求。唯一的解决办法就是更换新的部件，重新组装。技术人员在严寒中连夜奋战，终于排除了这一故障。

11月5日清晨，酒泉基地的气温降到零下20多摄氏度。天气良好，天空一片瓦蓝。9时02分28秒，发射指挥员下达了点火命令。火箭发出震耳欲聋的轰鸣声，大地在颤抖，发射台瞬间被包围在烈火浓烟之中，"东风一

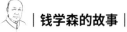

号"导弹尾部发出一团亮光之后，迅速腾空。先是垂直上升，然后在制导系统的控制下，转弯，在戈壁蓝天上划出了一道漂亮的白色弧线，飞向预定的目标。指挥中心不断传来各跟踪台站的报告——"发现目标，飞行正常"。最后，"东风一号"导弹在飞行了7分37秒后，准确命中了550公里407米外的目标，这个距离已经超过了中国仿制的那枚苏联导弹。

1960年11月5日中国首枚导弹
"东风一号"发射试验成功

顿时，整个试验场响起了震耳的欢呼声。人们向空中高高抛起了帽子，抛起了毛巾，抛起了衣服；人们敲响了锣鼓，敲响了脸盆，敲响了搪瓷茶缸，敲响了一切可以敲响的东西。钱学森眼含热泪拥抱着每一个朝他走来的人……这个在国外经历过许多成功的科学巨擘，从来没有如此激动过。

聂荣臻向守在电话机旁的周总理报告："试验成功！"

"东风一号"导弹的发射成功，清楚表明了钱学森的现场判断能力和指挥能力是无懈可击的。当晚，在酒泉基地的庆祝酒会上，聂荣臻元帅高举酒杯说道："今天，在祖国的地平线上第一次飞起了我国自己制造的第一枚导弹，这是一枚'争气弹'，是我国军事装备史上的一个重要转折点。从此以后，我们有了自己的导弹。"

1960年11月5日，是中国导弹发展史上具有里程碑意义的日子，它标志着我国火箭、导弹、航天事业在祖国最困难的年代实现了零的突破。这一天，距离苏联撤走专家82天，离我国正式启动导弹计划不到四年，离钱学森回国刚满五年。

7

党和国家最值得信任的科学家

导弹仿制一成功，聂荣臻元帅就提出，仿制是手段，是爬楼梯，我们需要自行设计。他要求五院要研制出地对地导弹，要搞洲际导弹，还要研制自己的地对空导弹。用现在的话说，就是要有我们自己的知识产权！下一个奋斗目标——自行研制"东风二号"！

20 世纪 60 年代初，中国正经历着一段物质最为匮乏的时期，但人们与饥饿抗争时，却有着异乎寻常的精神斗志。五院彻夜亮着灯光。经历了"东风一号"成功的喜悦，大家憋着一股劲儿，要造出属于中国自己的导弹。可是，国内的技术水平还十分有限，短期内脱离仿制是极为困难的。仿制是按照原来苏联的图纸资料照猫画虎，在原有数据基础上，把射程提高了一倍。

1962 年 3 月 21 日"东风二号"导弹第一次试验发射失败了！导弹一起飞，就像喝醉了酒一样，摇摇晃晃，冒起了白烟，发射 21 秒时，导弹尾段着火，25 秒左右发动机停止工作，最大飞行高度仅为 3456 米，69 秒后落地起火，就在离发射场几百米的地方炸了一个大坑。在场的人都惊呆了，心揪成了一团，非常沮丧。

此次发射，钱学森并不在现场。第二天，他紧急赶赴发射基地，调查事故原因。作为五院领导，钱学森感受到巨大的压力。

他怀着沉痛的心情回到北京，向聂荣臻汇报："聂老总，我没有干好，对不起！"

钱学森在导弹发射场

聂荣臻听罢立刻站了起来，走到钱学森跟前，说："不要紧，这次没干好，下次就会干好，真金不怕火炼，不要怕失败！"

但，"东风二号"的失败使钱学森受到了来自方方面面的怀疑、非议和指责，什么"分散主义""纸上谈兵""脱离一线"，各种批评之声此起彼伏。关键时候，聂荣臻又站到了钱学森的前面，替他挡住了种种指责，树立了钱学森的威信。他对五院的研究人员说："钱学森是科学家，不是工程师，他定的是方向，是趋势。"

经历了"东风二号"的失败，聂荣臻反而给了钱学森更多的信任、更多的保护。他竭尽全力为五院实现目标解决困难，特别是为钱学森排除一切干扰。在聂荣臻眼里，钱学森是我们党和国家最值得信任的科学家。

在聂荣臻的关怀下，钱学森全身心投入到"东风二号"的研制工作中。为了寻找"东风二号"的失败原因，钱学森亲自深入到基地试验区的一线去。

试验区的条件十分艰苦。白天的温度飙升到四五十度，饮用的水都是从一两百里以外的地方运过来的，水都是黄色的，其浑浊程度不亚于黄浦江水。而且仅仅靠着这点水，要解决饮用、洗漱等一系列问题。

钱学森二话没说，日夜与技术人员奋战在一起。他对工作人员说："我们现在被重重困难包围住了，但一定要杀出一条血路来！"按照钱学森的要求，技术人员将"东风二号"试验发射过程中飞行测量的参数与地面计算的参数一一对照，寻找问题所在。从基地返回之后，几乎每个周末，钱学森都要把五院的几位科学家叫到家里来一起研究，议题只有一个，就是如何把下一次发射搞好。

钱学森的威信重新树立起来。当时的五院人几乎都有一个共同的口头禅，当你遇到解决不了的困难怎么办？"找钱院长。"

钱学森不仅从技术上组织落实大型火箭发动机试车台、全弹振动试验塔、全弹试车台、超声速风洞等重大基础设施，还特别强调用系统的观念把五院的工作组织起来。其实，早在钱学森获奖著作《工程控制论》的第十八章"误差的控制"中，他已经从理论上证明了，即使用不可靠的零部件，也可以组成可靠的系统。可以说，钱学森的系统观念和思想在整个"东风二号"导弹研制中发挥了统领全局的作用。

在工作的协调组织和人员的调配使用上，他要求研制技术人员既要岗位责任清晰，又要对导弹研制工作有整体认识。

一个型号导弹的研制，从一开始就要从总工程师到部门工程师再到负责具体零件的工程师，层层落实，责任清晰。一次，在导弹试射的前一天，总工程师向钱学森报告，导弹发射零点触发出现失灵故障。钱学森马上下令把负责这一问题的工程师找来，结果来的是一个扎着麻花辫、刚大学毕业不久的年轻姑娘。这位姑娘大学毕业以后就来到五院，一到五院就负责导弹的触点工作，算得上一个"触点专家"。钱学森用命令的口吻对她说："这件事必须由你来解决，明天就要发射了，现在只能给你十个小时排除故障，解决后向我报告！"军令如山。这位姑娘回到岗位，不吃不喝，连续作战，最终提前排除了故障。等她来汇报的时候，钱学森发现她竟然急歪了嘴巴。

钱学森要求所有技术人员有大局观。每个人、每个部门对导弹的研制工作都要有整体认知，不只盯着自己的一亩三分地。既不可各自为政，也不搞一刀切，而是各司其职，紧密配合。必须明确：自己在什么时间段任务是什么，要在什么时间节点完成，能交给其他部门什么结论成果。如此一来，整个五院的导弹研制工作形成了一个意志，一个方向，一个步调，一个节点，大大提升了工作成效。

在解决导弹工程技术问题上，钱学森极力反对纸上谈兵，对待科学上的新东西，一定要去验证它是否正确，不能只是在数学上计算一下就算解决了问题。在当时工业基础和技术力量薄弱的条件下，钱学森强调：上万个元器件，每个元器件都有百分之一的机会出毛病。上万件，出毛病的机会就太多了，你怎么用一些不可靠的东西做出一个可靠的东西来？几十万个的零件，几十个子系统，如何能配合得很好？只有依靠系统工程。系统工程既是一门技术，也是一种科学方法，是对于任何组织的大型科学技术试验和大型工程都可以普遍适用的科学技术方法和理论。从在美国研究空气动力学，到写作《工程控制论》，再到指挥中国导弹研究，钱学森的理论思想不断与导弹研制相结合，形成了一套完整成熟的中国航天工业流程和整体架构。在高科技领域取得的这些成功经验，为系统科学在中国的创立和发展奠定了坚实的基础。

为了让先进的理论真正主导具体实践，在"东风二号"试验的时候，聂荣臻规定：如果在发射上，基地司令员和钱学森的意见不一致时，以钱学森为主。在执行发射任务以前，聂荣臻打电话给钱学森："执行这次发射任务，在技术上由你负责，你与基地商议，准备好了，确定好发射时间，打电话告诉我。"但是，就在发射前一切就绪，开始往火箭里加注推进剂时，基地突然报告："这次发射不能进行了！"钱学森接到报告，马上赶往现场，并亲自爬上发射架。一番仔细察看后，他发现导弹弹体有几处瘪了进去。他迅速做出评估，这种弹体变形的情况并未达到结构损伤的程度。他给大家分析了弹体凹陷的原因——当年，他在美国做过壳体研究工作，发现导弹在加入推进剂之后，泄出时忘了开通气阀，造成箱内真空，导致内外压力差过大，造成了凹陷。在点火之后，箱内要充气，弹体内压力会升高，弹体就会恢复原状。于是，他断定导弹可以照常进行发射。在场的技术人员面面相觑——谁也没有相关经验，谁也不敢发表意见。这毕竟关系到导弹的发射，不怕一万就怕万一。大家意见不一，争论到夜里11 点也没有结论。一过 12 点就要开始启动第二天发射的准备工作，这时候，必须做出决定。基地司令员听从了发射团专家的意见，出于谨慎，不同意发射。钱学森则坚持在报告上签上了名字。按照当时的规定，只有钱学森、基地司令同时签字同意，才能正常发射。事出紧急，要打破僵持，只好报告给聂荣臻元帅做最后的定夺。聂荣臻当即拍板说："有钱院长的签字，我就同意发射。因为这是技术问题，技术上钱学森说了算。司令员要保证的是在发射过程中操作无误。如果只有司令员而没有钱院长的签字，我倒不敢同意了。"聂荣臻的话，透露出对钱学森的无比信任。当晚，聂荣臻告诉大家，周恩来总理已经报告毛主席，同意明天发射。最终，试验发射取得了成功。这件事令钱学森一辈子无法忘记，他发自内心地感谢聂帅在那样的情况下，力排众议，给予自己无条件的信任。所以，他常说："聂总真伟大！"

　　就在这时，重新设计研制"东风二号"导弹先后通过了十七项大型地面试验，突破了一系列技术难点。从"东风二号"开始，钱学森要求大家将所有的疑点都在地面实验室里解决，不能带疑点上天。1964 年 6 月，钱学森顶着烈日，四处察看现场，听取测试报告，协调处理技术问题。突然，他接到报告说，由于天气炎热，造成燃料添加不足，导致导弹将达不到原来的射程。当时的"东风二号"导弹以酒精为燃料，加注量需要达到 10.5 吨。气温过高，造成酒精大量挥发。而此时，弹着点的测量网点已经安排就绪，如果射程不够，什么数据也测不到。这个新问题让钱学森颇伤脑筋。当时五院年轻的技术人员王永志大胆地提出了一个确保导弹进入弹着区的方案。按照常理，导弹因燃料不足无法飞进弹着区，应设法加注燃料，而王永志却反其道而行之，提出将酒精燃料卸除六百公斤，以起到减轻导弹自重的作用。专家们经过反复研究，没有人同意他的这个别出心裁的想法，大家都觉得这个年轻人胆子也太大了。事情紧急，王永志鼓足勇气，找到了基地招待所——他要直接向钱学森汇报。钱学森一边仔细地倾听，一边不停地提出问题，并在脑海中飞快地计算着。王永志的话音刚落，他就立即下令："王永志的意见正确，按他的办法实施。"这件事对王永志影响颇深，像钱学森这样一个大科学家、一个高级领导，能在如此重大的问题上倾听并采纳了一个年轻技术人员的意见，着实令人感动。多年以后，王永志成为中国工程院院士，并担任了中国载人航天工程首任总设计师。

"东风二号"导弹

"东风二号"发射前，解放军副总参谋长张爱萍将军也来到了发射现场。当导弹准确击中了一千公里以外的目标时，张爱萍激动地与钱学森握手拥抱，高呼："科学万岁！科学家万岁！"在场的科技人员和解放军指战员无不热泪盈眶。

"东风二号"发射成功是中国导弹发展史上一个重要的转折点。接着，中国又多次试射了这一型号的导弹，均获成功。中国人完全掌握了导弹从提出任务、总体设计、工程研制直至飞行试验的主要程序和方法。中国导弹事业从仿制走向了独立研制。

对"东风二号"的发射成功，钱学森却表现得并不太兴奋。因为他心里非常清楚，在进入二十世纪六十年代后，苏联、美国都已成功试验了射程超过 10000 公里的洲际导弹。虽然我国自行研制的"东风二号"试验成功，但我们与世界先进水平的差距还十分巨大。对钱学森来说，前面的路还无比漫长，他也从未曾停下前进的脚步。

在钱学森的主持下，导弹的研究进入了关键时期。到 1964 年，中国导弹的研制已突破了最为艰难的瓶颈，技术水平迈上了新台阶。从整个国家来看，一段最困难的时期已经过去。就在这一年，钱学森组织了三千多名专家、技术人员和设计、生产、使用部门的工人，对中国未来导弹发展规划展开讨论，最后集中了大家智慧的《1965 年 -1972 年我国火箭技术发展途径的意见》正式出台，这就是著名的"八年四弹计划"。按照这一计划，中国将在 1965-1972 年八年期间，研制出中近程导弹、中程导弹、中远程导弹和洲际导弹。如果这一计划能够顺利完成，钱学森将会在某种程度上实现他当初带着屈辱离开美国时的诺言——让他的祖国扬眉吐气！

1964 年 12 月 21 日，钱学森作为代表出席了第三届全国人民代表大会第一次会议。周恩来总理在《政府工作报告》中提出：要建设成为一个具有现代农业、现代工业、现代国防和现代科学技术的社会主义国家，赶上和超过世界先进水平。

会议期间正值毛泽东 71 岁生日，他专门邀请了一批客人，其中包括钱学森。宴会厅里喜气洋洋，既有刘少奇、周恩来、朱德、邓小平等国家领导同志，也有大庆油田的"铁人"王进喜、大寨的劳动模范陈永贵等各界先进模范人物。钱学森正向自己的席位走去，工作人员却立刻上前拦住了他："首长，请您坐到这边。"说完，他领着钱学森坐到了宴会最前方正中的一桌，只见钱学森的名签赫然放在了毛主席的右边。原来，这是毛泽东主席在审看宴会来宾名单时，亲笔把钱学森的名字勾到了第一桌。不久，毛主席在全场雷鸣般的掌声中来到了第一桌，他热情地用湖南话招呼站在桌旁的钱学森："学森同志，请坐这里。"坐在主席身边的钱学森立刻成为宴会厅最受瞩目的焦点。

8
亚洲上空的巨响

在"东风二号"研制过程中，我国原子弹研制工作也有了突破性的进展。1963 年 3 月，科学家们完成了原子弹的理论设计方案，毛泽东、周恩来做出重要批示：尽早试验中国第一颗原子弹。

1964 年 6 月，中国爆炸试验了一颗没有核材料的准原子弹，取得了理想效果。1964 年 10 月 16 日，我国的第一颗原子弹在罗布泊爆炸成功。巨大的蘑菇云震惊了全世界。全世界各大媒体争相报道。可西方媒体也讽刺地说："中国有弹没有枪。"原来，这颗原子弹是被固定在一个铁架上爆炸的。

二十世纪六十年代，苏联和美国就已成功发射射程达到 1 万公里的洲际导弹，这意味着携带核弹头的导弹可以打到世界上的任何一个地方。为了打破核垄断、核讹诈和核威胁，中国也决心要掌握导弹核武器，因为没有运载工具的核弹，就相当于没有枪的子弹，没有中远程的导弹作为载体，核弹只是一只没有胳膊的拳头。

1964 年 7 月，继"东风二号"之后，中国又连续发射了三枚自行设计制造的中程导弹，全部获得成功。钱学森为此向聂荣臻元帅提出，以自行设计的中程导弹为基础，研制能运载核弹头的改进型运载火箭，使导弹的射程、精度、使用性能等指标，符合导弹核武器的实战要求。这项任务，被称为"两弹结合"。

火箭，作为一种运载工具，可以用来进行科学试验，可以运载人造卫星上天，也可以成为远距离的杀伤武器。作为杀伤武器，威力大小完全取决于头部运载的是什么样的弹头。只有当它成为核弹头的运载工具时，它才真正可以称之为"战略武器"。在我国，如何将两弹结合起来，组成有实战价值的威力巨大的核武器，是一个堪称当时世界国防尖端科学技术中的重大课题。

1964年12月24日，由钱学森和钱三强领导的"两弹结合"论证小组正式提出了总体方案。其中，对于导弹头部壳体外形的改动以及头部加温等问题提出了系统的方案报告。对于钱学森和钱三强办事效率之高，聂帅已早有体会。但这次"两弹结合"论证方案提交之快，还是让聂帅深感吃惊。

1965年6月，钱学森带领专家和技术人员投入到"东风二号"导弹与原子弹的配套问题上。

核导弹不同于一般的常规导弹，他的实弹测试必须万无一失。稍有不慎，弹头可能会在发射现场爆炸，或者中途掉下、打偏，造成无法估量的损失。过去，美国都在海外基地做这个试验，苏联也是利用荒无人烟的西伯利亚。而中国，因条件所限，只能将核弹打到自己的国土上，而且弹道还不得不穿越有人居住的区域上空。"东风二号"导弹第一次试验失败的场景对于每一个参与其中的人来说还记忆犹新。

1966年，正当两弹试验进入到关键时期，一场政治风暴不期而至，也让中国导弹事业受到了干扰。这一年的10月，导弹和核弹运抵了试验基地。钱学森也陪同聂荣臻来到了发射现场。

当时，钱学森的身影在北京和东风试验基地之间往来穿梭，亲自监督改良后的"东风二号"甲型火箭。每次，钱学森出发前，聂荣臻都握着他的手一再叮嘱："专心搞试验，不要受干扰，脑子不能开小差，心不二用。"聂帅的信任总是能给钱学森带来极大的鼓舞和信心。到了基地，钱学森总是一身军装，并且只要是工作状态，他始终保持严正的军容，连风纪扣都不曾解开。对这一点，为他开车的司机都暗暗佩服，要知道，钱学森是一个大科学家，虽然位至将军，却从没有受过专门的军事训练。就这样，钱学森时时处处将一丝不苟的态度传达和示范给大家。一到基地，他就忙着听取各方面的汇报。基地测试人员报告测试结果，七机部的科研人员报告遇到的问题及解决的方案。他总是说："我们都得把自己的工作做好，再辛苦也要去做。不要抱怨，因为你就管这摊儿事，这是你的责任。"他是这样说，也是这样做的，身边的工作人员就从未听到日理万机的钱学森发出过一句抱怨。

导弹试验的日子终于到了。1966 年 10 月，原子弹和火箭对接。

戈壁滩的 10 月，已是深秋季节。阴霾数日，气温骤降。每到夜晚，狂风大作，飞沙走石，怪声四起，令人毛骨悚然。钱学森反复督促和检查准备情况，一颗心总是悬在嗓子眼儿里。核弹头与导弹是用吊车吊装着完成对接。核弹不同于一般的武器，在弹头和弹身结合时，如稍有不慎发生核泄漏，会造成不可估量的伤害和损失。钱学森和聂荣臻不顾危险，来到现场，给大家鼓舞士气。危险的燃料加注工作即将开始了，核弹头高悬在导弹顶部，整个基地笼罩在紧张的气氛之中。

10 月 27 日，天空阴转多云，这对发射基地的参试人员来说，是一个令人高兴的信号。虽然是多云天气，且有大风，但是能见度较高。于是，钱学森与试验指挥部的负责人商议，决定抓住这个战机，进行试验。拂

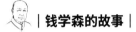

晓，发射连的车队最先出发了，紧随其后的是产品结合车、调温车和其他装备车，最后则是试验队科技人员乘坐的大轿车以及聂帅、钱学森乘坐的小车。当车队驶入发射场地时，戈壁滩上的狂风突然加剧，它漫卷黄沙，将本来就躲在云团背后的太阳，遮挡得更加暗淡，能见度只有50米。

钱学森跳下车，忧心忡忡地面对着肆虐的风沙，他以挑战者的神态迎风站立在戈壁滩上，背着太阳望去，似乎看到远处飘来一个五颜六色的彩球。

这时，有人大声呼喊道："钱老赶快回到车里！"钱学森还没有反应过来，头上的军帽已被大风刮走，霎时卷到高空。司机急忙跑过来，把钱老拖进车里。

坐在车里的聂帅关切地问道："天气这样坏，试验还能进行吗？"

"假如大风继续刮下去，试验只能推迟了。"钱学森不情愿地回答说。

一个多小时过去了，风速终于降到每秒20米。发射转入正常程序。

"30分钟准备！"指挥部发出命令。操作人员按照命令迅速撤出发射阵地。这时，钱学森随聂帅进入地下工事的指挥控制室内。"东风二号"甲型导弹载着核弹头，傲然矗立在发射架上。此刻，漫漫的风沙渐渐隐退了。随着加注燃料的车辆和人员最后撤离场地，整个发射场一下子变得寂静异常。发射架下悬挂着那块巨幅木牌上，周总理十六字方针的大字，在阳光下熠熠生辉。

钱学森与聂帅缄默着。发射基地死一般寂静，到处弥漫着紧张的空气，让人几乎喘不过气来。钱学森见到现场指挥员做了一个有力的手势和发出口令后，操作员那双操作计算机的手微微抖动了。荧光屏上开始跳动着倒计时的阿拉伯数字："10、9、8、7、6、5……"按规定，钱学森和聂帅都应当穿上防护服，以防发生意外。可是，钱学森却对聂帅说："不穿了，没问题！"钱学森与聂帅的镇定自若，带给参试人员的是极大的鼓励和信心。"4、3、2、1、0，发射！"

只听一声轰鸣，"东风二号"甲型导弹喷射出橙黄色的火焰，伴随着巨大的轰鸣声，拔地而起。地下指挥室也随之颤动着。聂帅和钱学森看着载有核弹的导弹腾空而起，慢慢远去，终于按捺不住内心的激动与急切，一起跑出了地下工事。导弹越飞越快，按照预定弹道朝着罗布泊深处的弹着区，呼啸着飞去，不一会儿，便消失在云层中。经过令人窒息的9分14秒后，罗布泊弹着点传来消息，核弹头精确命中目标！飞行距离894公里，在距离地面569米爆炸。大漠深处，再一次升起一朵绚丽的蘑菇云。中国的核弹终于插上了翅膀！

在场的人群一片欢腾，大家欢呼着，雀跃着，拥抱着。聂荣臻元帅也抑制不住内心的喜悦，他在一片欢腾中，大声喊道："大家过来，我们照张相。来，把国旗立起来！"站在聂帅身边的钱学森激动得热泪盈眶。

的确，这一天来得实属不易。早在我国第一颗原子弹成功爆炸时，美国国防部长罗伯特·麦克纳马拉说，中国虽有原子弹，但在五年之内不会有运载工具，并推断中国至少在十年之后才能掌握导弹核武器。但中国从原子弹研制成功到"两弹结合"，只用了两年多的时间。

当晚，基地举办了四菜一汤的庆功宴会，聂荣臻和钱学森先后发言。钱学森说："在各国来讲，原子弹成了，导弹成了，而原子弹和导弹的结合花的时间都很多。我们中国人并不比外国人笨，不仅干得比他们快，而且干得比他们好！我们一次就成功了！"聂荣臻元帅勉励大家："我们还要再接再厉，以后还要进一步把下面的计划搞好。"

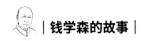

第二天，全国各大报刊在头版头条位置，用通栏标题发表了新华社的《新闻公报》："1966年10月27日，中国在本国国土成功地进行了导弹核武器的试验。导弹飞行正常，核弹头在预定的距离，精确地命中目标，实现核爆炸。"

战略导弹的发射成功，犹如亚洲上空的一声巨响，震撼了全世界。外电称："红色中国的军事科学取得了伟大胜利，是钱学森带动了这一伟大胜利。"这一胜利，挺起了民族的脊梁，摧毁了霸主封锁中国的铁圈，托起了炎黄子孙千百年来富国强民的梦想！

9
蒋英"索夫"

1955 年，钱学森结束了五年暗淡的软禁生活，回到了祖国。一直陪伴在钱学森身边的蒋英终于露出了灿烂的笑容，因为在她心里，全家人即将迎来的是美好、自由而有尊严的生活。此时，令她没想到的是，自己的丈夫即将投入到一项重要而又机密的工作中。

首先，蒋英从不知道自己的丈夫在外面做什么。钱学森在家里总是很少说话，更没有一句是关于自己工作的。更糟糕的是，他还常常失踪。她只知道丈夫又"出差"了！一出门，常常几个月杳如黄鹤，从不和家中联系。

钱学森到哪儿去了？当时的确是无法告诉蒋英的军事机密。从 1960 年后半年开始，钱学森突然"消失"了。

1958 年 10 月，西北综合导弹试验基地成立。1960 年 9 月，试验基地初具规模，可以进行地对地、地对空、空对空导弹试验。

这期间，钱学森的行踪不要说对新闻界，就是对朋友，对家人，包括对他最亲爱的妻子蒋英也一律绝对保密。他和他的助手们在祖国的大漠荒原，风餐露宿，夜以继日地工作。一去就是几个月，从没有书信回家。有时，他又会神不知鬼不觉地突然出现在家门口，一身奇怪的装扮也让蒋英十分摸不着头脑。他常常脚穿一双大靴子，上身套着一件大皮袄，满身尘土。一看就知道，这一定是去了什么苦寒荒凉的地方。至于是什么地方，无从知晓，只能推断不在北京。蒋英问他到哪儿去了，他总是淡淡一笑，说一句："没什么事儿，不用担心。"就算应付了过去。

有一次，钱学森又要"出差"。蒋英问他去哪儿？不说。去多久？"不知道"。这一去，又会是几个月杳无音信。蒋英坐立不安。她再也无法忍受这种亲人行踪不明的痛苦折磨，一气之下，她找到一位国家领导人，像一个天真的孩子赌气似地质问道："钱学森到哪儿去了？三个月连一封信都没有。他是不是不要我了，不要孩子了，也不要这个家了。"

蒋英和当时大多数中国人一样，从报纸上、广播里听到了一个又一个好消息，并沉浸在那一个又一个振奋人心的时刻。而她并不知道，这与她的丈夫有着很大的关系。

蒋英"索夫"的故事，当年在国家领导人中传为佳话。

而此刻，在祖国腹地的大西北，钱学森刚刚走下导弹发动机的试验台，又钻进一辆老式吉普车，沿着长长的坎坷不平的土路，沿着弱水河，向大漠进发。有人说，弱水河是魔鬼居住的地方。烈日下，红褐色的山丘闪烁着奇异的光彩，使人很容易联想到《西游记》中的火焰山。

这里天很高，太阳很低。夏日，火辣辣的阳光，照在戈壁滩上，热辣灼人。冬天，这里又寒风凛冽，黄沙漫卷。在这苍茫的戈壁滩上，有古代楼宇的残垣，也有中世纪城堡的遗迹。这些残垣断壁，将与现代化的航天城相对而立，共同承受戈壁的狂暴风沙，也共同见证中国科技发展的壮举。倘若透过漫漫风沙，极目远眺，依稀可见一抹绿色——那是生命力极强的胡杨林。而在大漠之上，能同这胡杨林媲美的，就只有我们当代最可爱的航天人了。

钱学森常常面对大漠，浮想联翩。车行走了许久，他很想碰到一位赶骆驼的汉子，或是寻到些古丝绸之路的踪迹……但是，他什么也没有遇见，车窗外只有那裹挟着沙砾的大漠狂风。他工作在一个祖国地图上没有任何标记的地方，由不规则的鹅卵石铺就的无边无际的戈壁。如果不是真正身在此地，恐怕任凭你怎样发挥想象力，也难以描绘它的苍茫和荒凉。那枯黄的骆驼刺，容易使人联想到一辈子也没有得到过鲜花和春风的人生。那被烈日炙烤得冒着青烟的沙石，大概是世上最耐得住寂寞的沉默者。

这些，就在钱学森的脚下，终日与他为伴。此时他的心也许被导弹点火后那刹那辉煌灿烂的瞬间所占据着、牵引着向前，但是，谁也不会想到，他对大漠戈壁同样怀有深情。他只是将它暂时安放于内心一隅，若干年后，他要来改造和建设它。在钱学森的晚年，他提出的沙产业、草产业理论在内蒙古这片土地上取得了巨大的成功。

对于自己所选择的道路，所有的付出和奉献，钱学森从没有后悔过。

在美二十年，钱学森几乎拥有了一个科学家能够拥有的一切：成为最有名的两所理工院校的顶级终身教授，无论是麻省理工还是加州理工都给他提供了最好的研究条件和生活待遇。他拥有很多世界领先的技术，得到美国《时代》杂志的赞誉，当之无愧是美国航天技术的奠基人之一。家庭美满，生活幸福。可是，他完全不贪恋这些，毅然回到一穷二白的祖国，站到了这荒无人烟的戈壁滩上。

回国以后，钱学森担任了中科院力学所的所长，进行他钟情的力学研究。在他的心血浇灌下，力学所从无到有，力学研究也按照他确定的研究方向全面展开，并有了实质性的进展。当时，他把研究重点放在"物理力学"这门新兴学科上，主要目标是设计新的材料以及探讨材料在极端条件

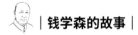

下的性能。但是，自从负责了组建五院的工作，他到力学所工作的时间便越来越少了。他必须把主要精力放在导弹工程的谋划中。他离自己一心想从事的纯科学研究越来越远了。当年，他为了追寻自己理论研究的梦想，不惜改换专业，漂洋过海，辗转于麻省理工和加州理工之间，矢志不渝。二十余年的努力，他在自己的领域可谓功成名就，著作等身，并在科学理论方面不断地向更高的层次发展着。现在，却为了国家和人民的需要，放弃自己的方向，搞起导弹工程研究。对个人而言，的确是一种遗憾。但是对于钱学森而言，做出这样的牺牲，他从没有任何犹豫，祖国的需要就是自己的选择。

忙于组建五院和培养人才的工作，钱学森在很长时间里几乎没有了个人的研究时间。导弹培训班的学生何友生忍不住问他："钱先生，我心里始终有个疙瘩，您在国外，发表了那么多重要的有影响的文章，回国以后，为什么没有文章发表了呢？"言语中带着诸多的惋惜。钱学森微微一笑，说："我可不这么想。现在我把时间精力花费在筹备、教学工作上，自己是没有了研究时间，少发了几篇文章，表面上看一种牺牲，可是不对，我培养了你们120个学生，等你们成长起来了，都能做研究工作，都能发表重要的研究文章，未来你们发表120篇文章，和我一个人发表文章，孰重孰轻呢？我认为值！"

第二次世界大战结束后，世界进入了苏美两个超级大国对峙的冷战时期，白热化的核军备竞赛和太空竞赛，让整个世界笼罩在不安之中。20世纪五十年代，以毛泽东、周恩来为代表的老一辈无产阶级革命家果断做出决策，为了新中国的和平与安宁，尽管我们国力尚不强盛，仍应优先发展原子弹、导弹等尖端国防武器和人造卫星。仅仅在两三个月间，国家的需要和个人的才能，历史的机遇和个人的取舍，使钱学森人生的方向发生了巨大的转折。可在他看来，是祖国给他提供了一个空前广阔的舞台，他的全部所学都有了用武之地。他不在意任何人对他的评价，也不看重给他的荣誉。但多年以后的一次会议上，当钱学森听到有人说："'两弹一星'花费了太多的人力、财力，不值得"的时候，他这个不爱生气的人忍不住发火了，严肃地说："诸位，如果没有'两弹一星'，我们今天就不可能在这里开会！"

一切为了祖国的强大，一切为了和平的环境，钱学森有着一颗无比赤城的爱国之心。他放弃了自己心爱的领域，投身到国防尖端技术研发。他和中国的第一代航天人，用汗水和心血浇筑了新中国国防和航天事业的坚固根基。纵观历史，正是有了钱学森的牺牲奉献，才换得了中国导弹核武器的研制提前整整二十年，在复杂的国际局势下，提高了中国的国际地位，赢得了宝贵的国家和平环境和发展机遇。在极端困难的条件下，钱学森以他宽阔的战略视野和前瞻的战略思维，推动我国国防尖端武器成功研制，并为中国航天事业打下坚实的基础。

钱学森一生执着于他所钟爱的科学研究和导弹航天事业，从无怨言。可他内心中却充满了对妻子的歉疚。不善言辞的他一辈子都没有向妻子表达过。可就在1991年被授予"国家杰出贡献科学家"授奖仪式上，80岁的钱学森满怀深情地向妻子蒋英表示感谢。他说："现在大家都知道我是干什么的，可不知道我的老伴儿是做什么的，今天我向大家解释一下。我的老伴儿蒋英主要是从事古典艺术歌曲的教学工作。我今天获奖了，但我不能忘记我的老伴儿几十年来给予我的理解和支持。"在党和国家授予他如此大荣誉的时候，选择了这样一个重要的场合，钱学森的这一番话，足以表

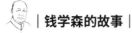

达出他和妻子的深厚感情。

坐在一旁的蒋英十分意外，也感动得热泪盈眶。她与钱学森相濡以沫几十年，早已经习惯了丈夫少言寡语的个性。人们最常看到的情景，就是每天早上她和钱学森一起在居住的院子里散步。他们并不像一般的老夫

晚年的钱学森和蒋英

老妻一样，相互搀扶，边走边聊，而总是一前一后地走着。钱学森走在前面，低着头不说话，蒋英便默默地跟在后面。就这样，雷打不动地走完三圈，便回家去了。钱学森一生奔破忙碌，到了晚年，蒋英给予他最多的就是无声的陪伴。因为她最了解，丈夫只是外表严肃冷静，而内心却细腻多思。她要做的，就是永远默默地守护在钱学森的身边。

10
飞天

1961 年 4 月 12 日，苏联"东方一号"飞船载着尤里·加加林进入太空，开辟了载人航天的新时代。同时期的美国正在秘密开展以"阿波罗"为代号的登月计划。这项计划的主导者就是 58 岁的沃纳·冯·布劳恩，二战时期德国的 V2 火箭就是出自他手。二战结束前，钱学森和冯·卡门到德国考察时，曾与这位比自己还年轻一岁的科学家相遇。二战后，冯·布劳恩来到美国，成为领导美国航天工程的核心人物。而在大洋另一侧的中国，钱学森也一直怀揣着航行九天的梦想。

钱学森很早就开始谋划航天事业。多年来，他一直关注着世界航天领域的最新发展，思考中国探索太空的可能性。1961 年，钱学森在中科院发表了《今天苏联及美国星际航行火箭动力及其展望》的讲演，描绘了未来太空航行的图景。如果再往前追溯，也不难发现，飞向太空的愿望一直深埋在钱学森的心里。早在 1953 年身在美国时，他就提出了星际航行的设想。如今，实现梦想的时机变得越发成熟起来。1963 年，中国科学院成立了星际航行委员会，钱学森负责组织制定星际航行发展规划，安排预先研究的课题。也就是在这时，钱学森撰写的《星际航行概论》一书出版，这是中国第一本系统论述航天技术和工程的专著，为中国航天事业的发展奠定了重要的理论基础。这本书也一直是高等院校航天专业的基础教材。钱学森和著名地球物理学家赵九章都向中央递交了一份《关于尽快规划中国

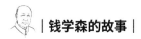

人造卫星问题的建议书》，并同时提出"要采取积极措施，把发射卫星的任务纳入国家计划"。1965年8月，周恩来主持召开中央专委第十三次会议，批准了我国第一颗人造卫星的规划方案。中国人造卫星研究工程正式起步。由于人造卫星的建议是钱学森在1965年1月提出的，卫星工程的代号就叫"651"工程。中科院随即组建了卫星设计院，第一颗卫星被命名为"东方红一号"。钱学森和七机部的任务依然是研制运载火箭。这枚运载火箭被命名为"长征一号"。

"长征一号"火箭的研制，是一个全新的课题。只有具备强大推动力的三级火箭，才能克服地球引力、达到相应的宇宙速度，把人造卫星送入预定的空间轨道。在此之前，钱学森领导五院所成功研制的各种火箭，都属于单级火箭。

钱学森立刻投入到把卫星送上太空的任务，而他面临着的是一个如此宏大的工程。他再次从系统工程的角度，组织力量，专业分工，把任务分配到不同的单位，而五院就成为整个系统工程的中心，担当起中国航天事业发展总体设计部的角色。这个由钱学森创立的航天事业运行体系设计一直沿用至今。1967年7月，钱学森力荐38岁的孙家栋来到中央军委新成立的空间技术研究院，担任第一颗人造卫星"东方红一号"的技术总负责人。两年前，这个年轻人已经是中程导弹总体部主任，钱学森对他十分地了解。钱学森提出，我们的人造卫星就是要完成"上得去，看得见，跟得上，听得着"的基本任务。这十二个字无疑为大家统一了思想，明确了目标。

在当时的局面下，钱学森不仅要解决技术困难，还要花费精力，扫除人为障碍。

在"长征一号"的研制和总装中，年近花甲的钱学森亲临一线，和年轻人同吃同住，一同解决关键性技术问题。他那废寝忘食、连续奋战的工作态度，一丝不苟、严肃认真的工作作风，对年轻的技术人员们是垂范，也是激励和鼓舞。

1970年4月18日，火箭与卫星开始垂直测试。4月23日，周恩来总理发出预令："如果一切准备工作已经做好，希望能在4月24日或25日发射。"接到周总理的预令以后，钱学森穿上那件绿色的军大衣，迎着刺骨的寒风，来到发射现场。他在发射架下，慢慢地踱着步子，认真地思考着眼前的发射工作——他想到，周总理之所以选择要在这两天内发射，一定考虑到国际、国内诸多因素以后，才做出决定的，发射不可再拖延。

23日，发射基地的火箭和卫星通过了最后一次测试检查。指挥部根据气象部门的预报，认为可以实施发射，并将发射时间定为1970年4月24日晚9时30分。钱学森在发射任务书上郑重地签上了自己的名字。同时，上报中央军委和毛泽东主席批准。

23日，"东方红一号"卫星的发射准备，进入最后一天，只待毛主席最后批准，来日即可升空。这最后一夜的等待，对于钱学森说来，显得格外漫长，没有丝毫睡意。发射卫星是一个庞大的系统工程，任何一个环节，发生任何一点故障，都可能导致全局的失败，乃至酿成大祸。虽说对已经竖立在发射架上的火箭和卫星做过多次测试、检查，钱学森心中有底，但是，只要没有将卫星送上轨道，这一切都还是"未知数"。他作为现场的技术总指挥，此时难以放下心来，安然睡觉。

1970年4月24日上午，加注队完成了给运载火箭一、二级加注推进剂的任务。火箭和卫星进入发射前八小时的准备程序。发射时间初步定在

4 月 24 日晚 9 时到 9 时 30 分之间。

周总理打来电话询问情况，得知发射准备中出现了一些小故障，便做出指示："不要慌忙，不要性急，要沉着，要谨慎。关键是工作要准确，要把工作做好，延长十分八分是可以的。"总理的指示非常及时。意外情况迭出，既反映了我国工业基础的薄弱，也反映了在那个特定的历史时期，发射卫星给人们带来的巨大的心理压力。

自然，要说压力最大的，莫过于钱学森了。只是，这位才华横溢的大科学家，不仅有渊博的知识，而且具备良好的心理素质。他始终不急不躁，沉着冷静。只有细心人在他踱步的节奏变化中，能些许猜度出他内心不时荡起的微波细澜——为了今天，他已经度过了 1000 多个充满幽思与焦虑的日日夜夜。现在，火箭发射在即，他的心情反而显得平和了。因为，他相信，他率领的这支年轻的航天队伍是靠得住的；他相信，发射基地那些无所畏惧的解放军官兵是靠得住的；他也相信，经过反复测试和检验的火箭和卫星是靠得住的。此刻，钱学森充满信心地对发射基地的司令员说道："如果没有特殊情况，建议发射零点为 9 时 35 分，不再变动了。"

"同意。"基地司令员做出果断地回答。

1970 年 4 月 24 日晚 9 时 5 分，指挥员下达了"30 分钟准备"的口令。紧接着高音喇叭里响起了"全体人员立即撤离现场"的命令。9 时 34 分，天空升起红白两颗信号弹。

"1 分钟准备！"

高音喇叭戛然而止，戈壁滩顿时变成了无声世界。

9 时 35 分，倒计时器上的数字的闪动每一下都在敲击着人们紧张的神经。随着数字归零，指挥员下达了"点火"的命令。

只听到"隆隆"巨响，乳白色的"长征一号"火箭，托举着重达173公斤的"东方红一号"卫星，腾空而起。

18秒以后，火箭开始拐弯，朝着东南方向越飞越快，转瞬间，便消失在茫茫的夜空中。那火箭，也将钱学森等航天人的心带向了远方。

十分钟以后，观测站传来了令人振奋的声音："星箭分离！""卫星入轨！"

此时的钱学森，心潮在翻滚。他不禁想起了赴美留学前王士倬教授给自己讲的中国人飞天梦想——"万户飞天"的故事：

故事发生在十五世纪的中国。那是明朝宪宗皇帝成化十九年。有一位富有人家的子弟叫万户。他熟读诗书，但不去投考。因为他不爱官位，却热爱科学。他最感兴趣的，是中国古人发明的火药和火箭，想利用这两种具有巨大推力的东西，将自己送上蓝天。为此，他做了充分的准备。这一天，他手持两个大风筝，坐在一辆捆绑着47支火箭的蛇形飞车上。然后，他命令他的仆人点燃第一排火箭。只见一位仆人手举火把，来到万户的面前，心情非常沉痛地说道："主人，我心里好怕。"万户问道："怕什么？"那仆人说："倘若飞天不成，主人的性命怕是难保。"万户仰天大笑，说道："飞天，乃是我中华千年之夙愿。今天，我纵然粉身碎骨，血溅天疆，也要为后世闯出一条探天的道路来。你等不必害怕，快来点火！"仆人们只好服从，举起了熊熊燃烧的火把。只听"轰！"的一声巨响，飞车周围浓烟滚滚，烈焰翻腾。顷刻间，飞车已经离开地面，徐徐升向半空。当地面的人群发出欢呼的时候，第二排火箭自行点燃了。突然，横空一声爆响。只见蓝天上万户乘坐的飞车变成了一团火，万户从燃烧着的飞车上跌落下来，手中还紧紧握着两支着了火的巨大风筝，摔在万家山上。

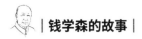

今日，万户的飞天理想，终于要在我们这一代航天人的手中如愿以偿！

9时50分，中央广播事业局报告，收到卫星播发的《东方红》乐曲声。"东方红，太阳升"，这中国人熟悉的旋律回荡寰宇。华夏大地再一次举国欢腾。此刻，新中国终于昂首跨入了航天时代！

但谁也不曾想到，在卫星成功发射后的庆功会上，钱学森这位冷静的大科学家却公开向大家表示歉意。他诚恳地说："我愧对大家，中国的人造卫星上天本该可以位居世界第三，争取第四是绝对有把握的，而现在却成了第五，屈居在日本的后面。"他的一生，在民族和国家荣誉问题上，无论何时何地，总是不甘人后的。另外，让钱学森无法过分喜悦的原因还有，在此之前的1969年7月21日美国已经成功发射了46吨重的"阿波罗十一号"载人飞船，并实现了人类首次登月。随后，苏联的两艘各7吨重的"联盟号"载人飞船也已在空间对接成功。

在钱学森的构想里，中国的卫星发展要经历三个步骤，第一，能上去，第二，能回来，第三，占领同步轨道。走完这三步棋，中国近地卫星的基础技术就都掌握了。"东方红一号"发射成功，标志着中国航天事业向前迈出了第一步。

20世纪60年代，在钱学森的倡导下，亚洲最大的风洞群开工建设，70年代，在钱学森的提议下，中国远洋测量基地也开始筹建，以西安卫星测控中心为代表的遍布全国的测控网络也开始动工布局，这些具有前瞻性的部属，为中国未来的航天事业快速发展打下了坚实基础。中国航天事业，包括之后的绕月、载人航天、登月等，都在按照钱学森的构想，一步步向前发展。

1971 年，"实践一号"科学探测卫星发射成功。1975 年，中国成为继美国、苏联后，第三个有能力自行研发及发射返回式卫星的国家，而"神舟"系列载人飞船正是由返回式卫星系列所积累大量的经验为基础发展出来的。

钱学森在中国空气动力研究与发展中心视察期间，检查电弧加热器工作情况

十年"文革"期间，很多机构部门及个人都受到冲击。为什么中国的航天事业尚可以向前推进？原来，周恩来为了将钱学森等一批科学家保护起来，宣布对七机部实行军管。他命令，军管会搞一个几百人的科学家名单，要求保证他们的安全，必要时可以使用武力保护。钱学森就被安排住在军管会主任的楼下。提及此，钱学森总是满怀感激之情。当然，虽然有周总理的保护，在那样的大环境下，钱学森的处境依然艰难。1966 年，"两弹结合"试验成功以后，一直为钱学森遮风挡雨的聂荣臻元帅离开了国防工业的领导岗位。1976 年 1 月 8 日，周总理与世长辞，钱学森悲痛不已。1997 年，他还能清晰地回忆与总理相处的点点滴滴：

1980 年 6 月 5 日，钱学森登上中国航天远洋测量船看望船员

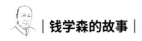

我们离开人大会堂，向周总理说再见的时候，周总理还跟我说："钱学森，你别太累着了。"我心中感动得流泪，周总理比我累得多，还跟我说这样的话。

说着，86岁的钱老便哽咽了，眼中噙满了泪花。

同年9月，毛泽东主席逝世。这时候，人们发现，钱学森两鬓染白。

春天很快到来。1978年3月，中共中央在北京召开了全国科学大会。

邓小平同志提出向科学技术现代化进军的号召，还明确提出，现代化的关键是科学技术现代化。知识分子是工人阶级的一部分，并且重申了"科学技术是生产力"的基本观点。

1980年5月18日，中国第一枚洲际导弹直冲云霄，它的目标是万里之外的太平洋。此时，钱学森平静地坐在北京的指挥中心，静静地观看。按照1965年由他牵头制定的"八年四弹"计划，洲际导弹是最后一项任务，而这个计划的最终完成推迟了整整八年。合众国际社报道说，由钱学森负责研制的火箭正使中国和苏联、美国一样，成为能把核弹头发射到世界上任何一个地方的国家。1980年10月12日，我国第一枚潜地导弹水下发射成功。1984年4月8日，我国第一颗地球同步通信卫星"东方红二号"发射成功。中国国防科技和航天事业的发展进入了一个新的阶段。

第七章
金色的晚年

80 岁的钱学森离开了担任五年之久的中国科协主席岗位后，由于身体的原因，他几乎每日都待在自己那已经居住了五十年的小楼里。

1
不被批准的请辞报告

钱学森的晚年应该从何时算起呢？他一直忙碌在祖国的科研战线上。到"东方红一号"卫星上天，钱学森已近 60 岁了。到 1991 年，从科协主席的位子上退下来，他已经是 80 岁的老人了。对许多人来说，他始终是一个谜。因为所从事的工作长期处于保密状态，钱学森很少在公众场合露面。

晚年的钱学森，进入了人生的一个新阶段。他对新领域的探索，他对人情世事的别样态度，仿佛让他的形象更加清晰起来。

作为一位名扬海内外，功勋卓著的大科学家，晚年的钱学森从不居功自傲。他是如此淡泊名利，曾多次主动向组织请辞自己担任的职务，他要把更多的机会和荣誉留给年轻人。

1980 年底，69 岁的钱学森向原国防科委递交一份报告，他态度诚恳地表示：

明年我将是 70 岁的人了，精力自然有限，而在导弹、卫星科学技术方面，年富力强的科技干部大有人在，我理应让贤，所以，我再次请求组织，让我明年退休。

可是，他的退休时间却一拖再拖。因为他的辞职报告总是无法轻易得到批准。

1986 年 6 月，钱学森到航天部办公楼畅谈航天事业 30 年

钱学森从 1986 年至 1991 年担任了五年的中国科协第三届主席。但他出任中国科协第三届主席的经历也是曲折的。科协是每五年换届，而周培源从 1980 年至 1986 年担任了六年的主席。为什么周老干了六年？就是因为主席的人选达不成一致。之前，大家就一致推选钱学森为第三届主席，可是钱老坚决不干。

1985 年，科协二届第五次全国委员会一致通过建议，由钱学森任第三届主席，他个人还是不同意。闭幕那天，在京西宾馆开闭幕大会，请时任副主席的钱老致闭幕词。闭幕词的稿写好了，送给他审阅。他看了稿子后表示："这个稿子我原则上同意，但最后要加一段话，让我向大家说明，我不能出任第三届主席的理由。如果你们同意加这段话，我就念这个稿子，如果你们不同意，我就不念，请别人致闭幕词。"科协的同志只好表示："钱老，您念完这个稿子，可以讲一段您个人的意见，但不要正式写进这份稿子。"于是钱老同意致闭幕词。参会的同志都清楚地记得，当钱老发言完毕，想要说明他不适合担任下届主席时，会场上却爆发出连续不断的热烈掌声。这掌声打断了他的讲话，使他无法再讲下去。这时有人站起来插话："钱老，请辞的问题您个人就别讲了。"大家对这人的插话再次热烈鼓掌。

之后，方毅、杨尚昆、邓颖超都纷纷出面找钱学森谈话，劝他出任科协第三届主席。各方面做了很多工作，钱老才答应担任一届科协主席。1991 年，当他任期满了以后，他便坚决不同意连任，并推荐比他年轻的人担任下届主席。钱学森把地位和权势看得如同浮云，他不仅先后坚辞了五院院长、国防科委副主任、科协主席等职务，即便是对全国政协副主席的职务也是这样。

钱老是全国政协第六、七、八届副主席。当然，第六届他并不是换届时选进的，而是中间增补进去的。但钱老不算这个细账，他在七届任满时，就给当时政协的负责人写信，请求不要在八届政协安排他任何工作。但是，这个报告没有被批准，直到 1998 年全国政协八届换届时，钱老才从全国政协的位置上完全退下来。

1986 年 6 月 27 日，中国科协三大会议选举著名科学家钱学森担任新的科协主席

钱学森不仅请辞行政职务，甚至还曾经请辞院士。

院士，是当代中国甚至全世界从事科研工作的人都渴望获评的一个称号，因为它在很多国家都是科学技术方面的最高学术称号。在中国，它通常是指中国科学院院士或中国工程院院士，1994 年以前，称为"学部委员"。院士在很多国家都是终身荣誉。而我国，直到 2013 年 11 月颁布《中共中央关于全面深化改革若干重大问题的决定》，才改革了院士遴选和管理体制，实行院士退休和退出制度。院士总是受人敬佩。因为在老百姓心中，它就是大专家、大科学家的代名词。许多科研人员倾其一生都未能如愿获评，也不乏沽名钓誉者为了评上院士，不惜学术造假。

而钱学森却在 1988 年和 1992 年两次给时任中国科学院院长的周光召写信，请辞这个最高荣誉。在 1992 年的信中，他诚恳地说明自己因年老

体弱，已不便参加学术活动以后，主动申请辞去学部委员（即院士）的称号。虽然只有短短几句，但依然能够真切地感受到钱老作为一位科学家的风范。整篇书信书写工整清晰，言辞恳切，还有理有据地引证了《中国科学院学部委员章程》的有关规定。能够看出钱老是真心实意地请求辞去这一荣誉称号，绝非故作姿态。

这次钱老的请辞依然未获得批准。在一次学部大会执行主席会议上，周光召院长和严济慈一起做钱学森的工作。周光召说："钱老，学部委员不是个官位，是大家选的，不是我任命的。我无权批准您的请辞报告。"严老说："我们主席团讨论了，大家一致不同意您的请辞报告。"

1998 年，中国科学院和中国工程院对院士制度进行改革，80 岁以上高龄的院士改为"资深院士"，不再参加院士的日常活动。87 岁高龄钱学森对这一举措十分赞成。当有人再称他为"院士"时，他会认真地加以纠正，说："我已经不是院士了，而是资深院士。"

其实，在钱学森晚年写下的大量书信中，其中很多内容是请辞或拒不担任某些社会职务的。这就是钱学森对待职位、称号、权力、荣誉的基本态度。在他的心中始终有一个朴素的价值观，在其位就要谋其政，出任某一职位或享受某一荣誉，自己就必须尽心尽力，履行好

钱学森 1992 年 9 月 21 日给周光召的信

自己应尽的职责。

1991 年，80 岁的钱学森离开了担任五年之久的中国科协主席岗位后，由于身体的原因，他几乎每日都待在自己那已经居住了五十年的小楼里，足不出户，但他的心却始终关注着中国科学技术事业，关注着中国火箭发展的每一个进步。

2003 年 10 月 15 日，神舟五号载人飞船发射，中国航天员杨利伟成功进入太空，他在遨游太空的飞船中向地球传来图像和声音："为了全人类的进步与和平，中国人来到太空啦"。10 月 16 日，飞船顺利返回地球。中国成了继美国和俄罗斯之后，成功把人送入太空的第三个国家。钱学森静静地远离人们的视线，关注这一切。但人们依然把中国航天的成就和他紧密地联系在一起。航天事业是一个非常伟大的、全国的，甚至是全世界的重大工程，没有像钱学森这样一位精神执着、知识渊博、富有能力和甘于奉献的优秀科学家来

2004 年元宵节，飞天归来的杨利伟探望钱学森

2005 年 11 月 26 日，航天科技集团公司总经理张庆伟、航天科工集团公司总经理殷兴良、原航天总公司总经理刘纪原、航天专家戚发轫、刘永才等到钱学森家中看望钱学森，向他介绍神舟六号载人航天飞行活动及探月工程的进展情况，几代航天人欢聚一堂其乐融融，共祝祖国航天事业蒸蒸日上

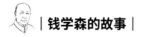

领导，无论如何也是难以实现的。2008 年 9 月 25 日，神舟七号发射成功，中国航天员翟志刚出舱作业，首次实现太空行走。亿万人注视着他手中那面飘扬的五星红旗，在这其中，有一双老航天人的眼睛，虽然沧桑，却依然明亮，闪动着无言的骄傲。随着神舟系列飞船发射成功，航天员大队形成了一个不成文的规定：每次载人航天任务圆满完成后，执行任务的航天员都会去看望钱学森。大家依然把我国航天的最新成就与他紧密地联系在一起。

2

大成智慧学

钱老一生科学理论造诣深厚，工程实践经验丰富，且文理兼修。他回国后的 26 年，都一心扑在"两弹一星"事业上，然而，他知道自己的兴趣还是在学术研究和思想创新上。步入晚年，他决定抓住生命的最后阶段，专心于自己最钟情的研究。他潜心研究的工程控制论、系统工程理论已经广泛地运用于军事、农业、林业，乃至社会经济各个领域的实践活动，在我国现代化建设中发挥了重要作用。但对科学的研究与思考对钱学森来说，永远没有尽头，就像他在美国工作时曾经随手书写在资料袋上的一句话：Nothing is final！70 岁以后的钱学森似乎又进入了他的学术高产期。他针对中国干旱少雨的西北地区提出沙产业、草产业理论，在内蒙古等地取得很大效益。在建筑和文化艺术方面，也都提出了大量独到而系统的见解，令人叹为观止。2008 年，时任中共中央总书记的胡锦涛同志登门看望 97 岁高龄的钱学森时，亲切地握着他的手，盛赞他的系统工程、沙产业等理论成果对社会主义建设实践的重要贡献。对晚年自己的这些理论思考，钱学森倍感欣慰。

在钱学森诸多的研究成果中，有一项是他用了将近十年的时间，用独特的方式创立的。这是一个开放的矩阵式纵横交错的现代科学技术体系，以此为基础，他提出了"大成智慧学"。

什么是大成智慧学？打开百度百科的相关词条，你就可以看到以下解释：

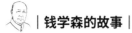

大成智慧学(Theory of meta-synthetic wisdom)，是引导人们如何尽快获得聪明才智与创新能力的学问，其目的在于使人们面对浩瀚的宇宙和神秘的微观世界，面对新世纪各种飞速发展、变幻莫测而又错综复杂的事物时，能够迅速做出科学、准确而又灵活、明智的判断与决策，并能不断有所发现、有所创新。大成智慧，是以科学的哲学为指导，把理、工、文、艺结合起来走向大成智慧的过程。简要而通俗地说，就是"集大成，得智慧"。

可见，"大成智慧学"并非一门学科，而是一种思想体系、思想方法。它的首创者就是钱学森。

钱学森曾向国家领导人表达过他余生的夙愿："建立起一个科学体系，并且运用这个科学体系去解决中国社会主义建设中的问题。"国家领导人对于钱学森的这一超前构想，表示赞赏。因为这是一件关系到科学决策国家发展战略的大事，这也将是这位伟大科学家献给21世纪全人类的一份厚礼。这个夙愿的实现，极可能引起整个科学技术和教育战线的深刻革命。

晚年的钱学森

早在20世纪70年代末80年代初，钱老就开始思考和研究现代科学体系的问题了。他看到，随着人类社会的长期积累和不断扩展，科学知识越来越丰富，科学研究领域和学科划分越来越细致，数量也越来越多。据统计，国内外已有一千多个研究领域和四千多个学科。而且新的领域和学科还在不断增多。与此同时，现代科学技术也呈现出高度综合的特点。也就是说，一方面是学科不断分化，越分越细，另一方面是学科的交叉综合，边缘学科、交叉学科层出不穷。过去看来不大相关的学科，今天却相互结合，向综合化、整体化的方向发展，由此又产生出许多新的领域、新的学科。

在这种情况下，18 世纪瑞典自然学者、现代生物学分类命名的奠基人林奈提出的按动物、植物、矿物质外部特征进行科学分类的方法，显然已经过时。19 世纪也曾有人主张按照科学研究对象之不同来划分科学技术门类。而钱老认为，这种主张也是不科学的。因为科学研究的对象是统一的客观世界。客观世界包括自然的和人造的，而人也是客观世界的一部分。之所以有不同的科学部门，是由于人们从不同的角度、不同的观点，采用不同的方法研究客观世界的不同问题产生的。

钱学森遵循着这一马克思主义的科学技术观，把世界科学技术发展的全部成果作为一个复杂巨系统，结合自己半个世纪来在国内外参加或经历的许多重大科学技术实践，以及由此产生的经验和理论，开始了深入的研究。1982 年 11 月，他在中央党校讲课时，第一次把原来人们心目中的自然科学和社会科学两大部门扩展到八个，即加上了数学科学、系统科学、思维科学、人体科学、军事科学和文艺理论，形成了一个初步的体系。

1985 年后，又增加了地理科学和行为科学。钱老指出，这十大科学技术部门，基本上反映了到目前为止现代科学技术的发展水平和成果。今后，随着科学技术的不断发展，还会产生新的科学技术部门，加入这个体系之中。因此，这个体系将是一个动态发展的开放系统。

1996 年 6 月，钱老又提出了建筑科学。

然而，作为一个完整的科学体系，除了科学技术部门的横向并列结构外，还要提出它的纵向关联。对此，钱老早在 1955 年回国后发表的第一篇论文《论技术科学》中，就曾进行过初步探讨。提出了科学技术领域中三个知识层次和初级层次的应用技术。钱老晚年在现代科学技术体系研究中，提出了更加完备的纵向结构理论。这就是：

最高层次是马克思主义哲学，它是人类一切知识的最高概括，它既指导科学技术的发展，同时又从科学技术的最新成果中吸收丰富的材料，发展自己。

鉴于马克思主义哲学同现代科学技术的这种关系，钱老提出了每个科学技术部门都有通向马克思主义哲学的桥梁，它们都属于哲学范畴。

在钱老看来，在十大科学部门之下，还有未形成科学体系的实践经验的知识库，以及广泛的、大量的、成文或不成文的实际感受等等，也都是人类对世界认识的珍宝，不可忽视。因为这类知识，经过研究、概括也将成为科学知识。所以，钱老将它们称之为"前科学"。

至此，一个开放的矩阵式纵横交错的现代科学技术体系诞生了。它从根本上拆除了旧的分类方法造成的各个科学技术部门之间的人为阻隔，显示出它们之间的相互联系、相互促进和不可分割的整体关系。它为专家、学者、决策人正确把握事物，特别是复杂事物的整体关系，全面、本质地认识客观世界，同时，也为解决复杂的科学问题和社会问题，提供了理论和方法。

另外，钱学森还认为，一个有才智的人，应具备广博的知识和高尚的情操，这是不断激发智慧的根基和动力。人的智慧是两大部分：量智和性智。缺一不成智慧。

何为"量智"和"性智"？

现代科学技术体系中的数学科学、自然科学、系统科学、军事科学、社会科学、思维科学、人体科学、地理科学、行为科学、建筑科学等 10 大科学技术部门的知识是性智、量智的结合，主要表现为"量智"。因为科学技术总是从局部到整体，从研究量变到质变，"量"非常重要。同时，科学技术也重视由量变所引起的质变，所以其中的"性智"也很重要。大科学家就尤其要有"性智"。

文艺创作、文艺理论、美学以及各种文艺实践活动，也是性智与量智的结合，但主要表现为"性智"。因为"性智"是从整体感受入手去理解事物，所以是从整体，从"质"入手去认识世界的。中国古代学者，尤其中医理论，从"望、闻、问、切"到"辨证施治"，均为"性智"之道，但最后也有"量"，中医用药也讲究定量。

大成智慧学告诉我们，在处理复杂的问题时，既不能只顾"量智"，搞还原论、"死心眼儿"，也不能只顾"性智"，空谈整体论、浮于幻想。

1994 年 5 月 4 日，在北京召开了"钱学森现代科学技术体系研讨会"。钱老所发现的那些富有创造性的研究成果引起了与会科学家的兴趣，并一致给予高度评价。钱学森曾经说过："科学技术体系，包括了人类现在所认识到的客观世界规律的全部精华，它就是智慧的源泉。"因此，他用了一句古语来概括他的科学技术体系是"集大成而得智慧"，用这个观点看科学技术以及知识体系就是"大成智慧学"。

大成智慧学不是一般意义上的一门学科，而是一个科学化了的整体观。它以科学的哲学为指导，是"量智"和"性智"、科学与艺术、逻辑

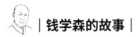

思维与形象思维的结合。它重视思维的整体观和系统观，一方面，要求我们具有广博的知识，善于冲破部门分割，总揽全局，洞察关系，从而做到大跨度地触类旁通，完成创新。另一方面，由于现代科学技术体系不是简单的各部门的联合体，它作为一个纵横交错、相互贯通的统一体，能够向全方位敞开视角，极大地扩大人们的视野，这就使人们便于纠正偏见，充分发挥全面认识的能力与功能，获得高于任何一门科学的见解，达到认识上的飞跃。这正是大成智慧学的本质。

大成智慧学的创立，具有重大的意义。正如许多专家指出的，它将使人的认识步入更高的层次。建立在现代科学技术体系上的大成智慧学，由于不囿于部门科学的局限，就能把某一种科学部门的最新成果及其原理、方法等应用到其他学科中去，达到知识成果共享，从而使人的思维能量迸发出来，闪耀出灿烂的光华。

钱学森创立的"大成智慧学"思想体系

3
"我不再去美国"

1989 年 6 月，钱学森获得美国"威拉德·罗克韦尔技术杰出奖"。但钱学森没有到美国去领奖。他说，倘若我再一次踏上美国国土，将会证实许多错误的东西。

1989 年，国际科学技术协会主席塔巴致函我国驻美大使韩叙，信中称："中国著名科学家钱学森获 1989 年威拉德·罗克韦尔技术杰出奖，钱学森的名字已正式列入'世界级工程、科学、技术名人录'，并同时授予'国际理工研究所名誉成员'称号，表彰他对火箭、导弹技术、航天技术和系统工程理论做出的重大开拓性贡献。"

"威拉德·罗克韦尔技术杰出奖"也叫"小罗克韦尔奖"，是国际理工研究所于 1982 年设立的最高奖项。每年至多授予三位在国际理工界有极高声誉的科学家，同时选入《世界级工程、科学、技术名人录》。这是现代理工界所能入选的最高荣誉等级。到 1989 年，世界上仅有的 16 名现代科技专家获得这项荣誉，钱学森是其中唯一的中国学者。1989 年与钱学森一起获得这项荣誉的，还有美国的爱德华·泰勒博士和法国的罗伯特·克拉皮施博士。中国科学家钱学森没来领奖。代替他领奖的是当时的中国驻美大使韩叙。当时，一些美国朋友感到惊诧：钱学森为什么不来领奖？

钱学森不止这一次没有亲自来领奖，1979 年，他的母校加州理工学院授予他"杰出校友"称号，他没有出席领奖；1986 年 6 月，南加州华人科学家工程师协会为他授奖，他也没有参加。同年下半年，美国再次邀请钱学森访美，试图以民间方式弥补过去对他的不公正待遇，但政府却始终不愿正式表态。钱学森义正词严地回复说："我们中国人有国家的尊严，美方既不能为过去对我有不公正待遇表态，那我就不能再去美国。"总之，他自从1955年离开美国后，曾去过世界上许多国家，却再也没有去过美国。

国 防 科 工 委 便 笺

高镇宁书记：
　　比事国家领导已未同意，我的答复是：我们中国人有国家的尊严，美方既不能对我有不公正待遇表态，那我就不能再去美国。所以我不会去美国。请说我目前没有近期访美的打算。

钱海无
1986.10.6

1986年10月钱学森写给中国科协
高镇宁书记的信

诚然，钱学森对美国人民、美国科学家同行，怀着十分友好的情感。他在加州理工学院的学生兼同事弗兰克·马勃就与钱学森保持着终生的真挚友谊。1955年，就是他将回国的钱学森一家送上了邮轮。当时，他还细心地准备了水果、鲜花和红酒。他清楚地记得，当他和钱学森走上甲板时，钱学森转过身来，对马勃说："我们25年后再见！"让马勃感到神奇和惊讶的是，当他们1981年再一次见面时，时间恰好过去了整整25年，印证了钱学森的预言。

1996年，弗兰克·马勃又一次来到中国。这一次，他给钱学森带来了一些重要的东西——钱学森留在加州理工学院的大量文稿。原来，他在送走钱学森后，回到加州理工学院，帮忙整理钱学森遗留下来的物件。他发现，钱学森根本没有收拾自己的办公室，便踏上了归途。于是，他悉心收好钱学森留下的所有手稿、笔记，细看之后，惊讶地发现，这几乎是钱学森所有的研究资料，其中还有很多是从未发表过的。40多年后，他将这些珍贵的手稿带给了钱学森，猜想面对这些失而复得的珍贵文稿，钱学森一定会十分惊喜。可再一次令他惊讶的是，钱学森的表情十分平静，淡淡地说："我不需要了。"

我们只能猜想，此时在他的内心里汹涌着的是什么样的感情呢？当时的美国政府生怕他带回技术资料，查扣了他的行李，限制了他的自由，侵犯了他的尊严，长达五年之久！多说无益，作为一个有骨气的中国人，一个伟大的爱国科学家，对于这样的屈辱，他要用自己的行动、自己的余生做出最有力的回击！

——空手而归，不带走任何资料。

——助祖国科技腾飞。当然，也包括：

——永不再踏上美国的土地！

就拒绝到美国领取"小罗克韦尔奖"这件事情，钱学森曾给国务院领导同志写过一封信。信中对此做了十分坦诚的回答。他写道：

我本人不宜去美国……事实是我如果现在去美国，将"证实"了许多完全错误的东西，这不是我应该做的事。例如：我不是美国政府逼我回祖国的；早在1935年离开祖国以前，我就向上海交通大学、地下党员戴中孚同志保证学成回到祖国服务。我决定回国是我自己的事，从1949年就做了准备布置。我认为这是大是大非的问题，我不能沉默。历史不容歪曲。

就在美国颁发了1989年"小罗克韦尔奖"以后的两个

2001年12月9日，弗兰克·马勒为钱学森带来了加州理工学院"杰出校友"奖章

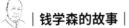

月，同年的 8 月 3 日，在国防科工委办公大楼会议室，由国防科工委和中国科学院联合召开座谈会，庆贺钱学森获得"小罗克韦尔奖"。

按照钱老的意思，主办单位采取了简朴的座谈会形式。桌上清茶一杯，一如钱学森的精神世界，清淡而高雅。78 岁高龄的钱学森，面对一起工作多年的老朋友、老同事，面对着金光闪闪的"小罗克韦尔奖章"，坦陈了他一颗忠诚于党和人民，热爱社会主义祖国的赤子之心。他说道：

国际科学与技术交流大会、国际理工研究所授予我奖章和称号，说是表彰我"对中国火箭导弹技术、航天技术和系统工程理论"方面所做的一些工作。我想这里面"中国"两个字是不可缺少的，是非常重要的。回顾这一段历史，我觉得个人只是做了一点应该做的工作，那是很有限的，首先要归功于党的领导，再就是广大科技人员的努力。个人的贡献与党的领导和集体力量相比，那是非常渺小的。周总理、聂老总给我这个任务，我的办法就是依靠集体。记得那期间，每个星期天下午，我就把任新民、屠守锷、黄纬禄、梁守槃、庄逢甘等几位总工，还有林爽同志，请到我家去议事。有什么问题，大家提出来，共同研究解决。不同的意见，要尽快改正。我们中国的导弹就是这么干出来的。所以，成就是集体的……因此，今天给我的奖，说是第一个中国人得此奖。我说，要紧的是"中国人"三个字。这个"中国人"，应该包括成千上万为此做出贡献的人……

1989 年 8 月，钱学森在座谈会上接受"小罗克韦尔奖"奖章和荣誉证书

4
三次激动的时刻

共和国最后一位逝世的元帅聂荣臻，在生命的最后岁月，抱病为钱学森写下了这样一段文字：

学森同志的确给我们科学工作者树立了良好的榜样。作为世界知名的科学家，学森同志更注重谦虚谨慎，严于律己。总是艰苦奋斗的工作，艰苦朴素的生活，从不计较个人得失。我很欣赏他的座右铭："我作为一名中国的科学工作者，活着的目的就是为人民服务。如果人民最后对我的一生所做的工作表示满意的话，那才是最高的奖赏。"

这段座右铭，生动地反映了钱学森一生的追求：为人民服务，鞠躬尽瘁。他用自己的行动，在我国现代科技史上，树起了一座高高的丰碑。共和国不会忘记他，人民不会忘记他。党和人民给予了他最高的奖赏。

1991年10月16日，党中央、国务院、中央军委授予钱学森"国家杰出贡献科学家"荣誉称号，同时授予"一级英雄模范"奖章。

授奖仪式在北京人民大会堂举行。仪式程序简单，气氛却极其热烈而隆重。

钱学森穿着一套七八成新的深蓝色毛料中山装，与妻子蒋英一起来到会场。

时任中央军委副主席的刘华清代表国务院、中央军委宣读了由江泽民主席和李鹏总理共同签署的授予钱学森"国家杰出贡献科学家"荣誉称号和"一级英雄模范"奖章的命令。命令说：

钱学森是我国著名的科学家。他早年在空气动力学、航天工程、喷气推进、工程控制论等技术科学领域做出了许多开创性的贡献。1955 年 9 月，在毛泽东、周恩来等老一辈无产阶级革命家的关怀下，他冲破重重阻力，离开美国回到社会主义祖国。数十年来，他以对祖国、对人民的无限热爱和忠诚，满腔热忱地投身于我国国防科研事业，为我国火箭、导弹和航天事业的建设与发展做出了卓越的贡献。他潜心研究的工程控制论，发展成为系统工程理论，并广泛地用于军事运筹、农业、林业，乃至整个社会经济各个领域的实践活动，在我国现代化建设中发挥了重要作用。

80 岁高龄的钱学森，面对如此隆重的授奖仪式，他依然像平日一样朴实、平易、谦和。一张平静的面孔上，人们看不到那种在这样的场合常有的激动。只有他那双睿智的眼睛里，充满了深情。在人们企盼的掌声中，他慢慢地站起身来，没有为这次授奖仪式事先写好发言稿，而是做了即席发言。

1991 年钱学森在授奖仪式式上讲话

他首先感谢党和人民给予他的崇高荣誉，感谢曾在工作中给他以信任、关怀和帮助的领导和全体同志。他深情地回忆起当年在周恩来总理、聂荣臻元帅等老一辈无产阶级革命家领导下，广大科技人员为发展我国国防科技事业而奋斗的火热生活。这时，他动情地说道："刚才各位领导讲我钱学森如何如何，那都是千千万万人劳动的成果啊！我本人只是沧海一粟，渺小得很。真正伟大的是中国人民，是中国共产党，是中华人民共和国！"然而，钱学森接下来的讲话，却使在场的人非常吃惊："有人问我，在今天这么一个隆重的场合，我的心情到底怎么样？如果说老实话，应该承认我并不很激动。怎么回事？因为我这一辈子已经有了三次非常激动的时刻。"

记者们一时怀疑自己听错了。他们怀疑不拿讲稿的钱学森是否说走了嘴？难道还有比这件事情更激动人心的吗？会场一下子静极了，人们在聆听钱学森接着说些什么。

"我第一次激动的时刻是 1955 年。当时我到美国已经 20 年了。我到美国去，心里只有一个目标，就是把科学技术学到手，而且要证明我们中国人可以赛过美国人，达到科学技术的高峰。这是我的志向。1955 年夏天，我被允许可以回国了。当我同蒋英带着上幼儿园年纪的儿子、女儿去向我的老师、全世界闻名的工程力学和航空技术权威冯·卡门告别时，手里拿着一本在美国刚出版的我写的《工程控制论》，还有一本我讲物理学的讲义。他翻了翻很有感慨地跟我说：'你现在在学术上已经超过了我。'我一听他这一句话，激动极了。心想，我这 20 年历史的目标终于实现了，我钱学森在学术上超过了这样一个世界闻名的大权威，为中国人争了气，我激动极了。这是我有生以来第一次这么激动。"

"在建国十周年的时候，我被接纳为中国共产党的党员。这个时候我的心情是非常激动的，我钱学森是一个中国共产党党员了！我简直激动得睡不着觉。这是我第二次心情激动。"

"第三次就在今年。今年我看了今天在座的王任重同志写的《史来贺传》的序。在这个序里，他说，中共中央组织部把雷锋、焦裕禄、王进喜、史来贺和钱学森这五个人作为解放 40 年来在群众中享有崇高威望的

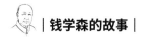

共产党员优秀代表。我看见这句话，才知道有这么回事。我心情激动极了。我现在是劳动人民的一分子，而且与劳动人民中的优秀分子连在一起了。有了这三次激动，我今天倒不怎么激动了。"

听到这里，人们才回味出刚才钱学森说的那句看来似乎不合时宜的话，是多么得体。钱学森的这"三次激动"的经历，都不是因为个人得到了什么荣誉，而是他感到"为中国人争了气"，感到"成为一名中国共产党的党员"，"成为劳动人民的一分子，而且同劳动人民中的优秀分子连在一起"的那种光荣。他不会逢场作戏。他是个老实人，因此，他说的是"老实话"。这老实话是他的真情。真情里透露着朴实的真理，那就是在钱学森的心中，党和人民的利益高于一切。

5

100万港元奖金

1995 年元旦刚过，又有好消息从香港传来，荣获"国家杰出贡献科学家"荣誉称号的钱学森又荣获了首届"何梁何利基金科学与技术成就奖"中的"力学和系统科学奖"。

何梁何利奖由何梁何利基金设立，是香港金融家何善衡、梁銶琚、何添、利国伟先生各捐资 1 亿港元，于 1994 年 3 月 30 日在香港注册成立的社会公益性慈善基金。其宗旨就是通过奖励取得杰出成就的我国科技工作者，倡导尊重知识、尊重人才、崇尚科学的良好社会风尚，激励科技工作者不断攀登科学技术高峰，加速国家的现代化建设。何梁何利奖分为"何梁何利基金科学与技术成就奖""何梁何利基金科学与技术进步奖"和"何梁何利基金科学与技术创新奖"三个奖项。而在设立奖项的头一年，钱学森就获此奖励。

过了不久，新华社驻香港分社转来一张 100 万港元的现金支票——这是新华社驻香港分社代替钱老领取的"何梁何利奖"奖金。钱老拿到这张支票以后，立即拨通了中国科协的电话，他想请科协负责"沙产业"科研工作的研究员刘恕到他家来一趟，说是有事相商。刘恕是当时的科协副主席，她接到钱老的电话后，便匆匆出了门。一路上她暗自思忖，钱老在百忙之中有何要事一定要当面与我相商呢？莫不是在科研工作中出了什么问题？要知道，钱老对待科研工作，一向都是十分严肃认真的，批评起人来也是不留情面的。

当刘恕怀着忐忑的心情敲响钱学森书房的门时，看到的是笑容满面的钱老，一颗忐忑的心立马轻松下来，看来不是坏事。令她想不到的是，钱老竟然笑着递过来一张现金支票，100 万港元！

钱老请刘恕坐在沙发上，说："你是研究沙产业的，考虑到你们所主攻的课题难度大，困难多，所以就把这笔钱用在你们那个项目上吧！"他的表情是那样宁静、平和。刘恕一时间竟然有些不知所措，说："我也知道您拿到奖金的事儿。说实话，我们大家开始的时候都在猜测，您不会接受，或者会把它用来推动学术活动。可没想到，您竟然要把这笔奖金用在沙产业上！"

沙产业不仅是钱老晚年的又一次思想学术创新，其在实践中的发展更是钱老所关心的。他常说："今后工作我想还应在实践，发展沙产业，有了人人看得到的成绩才好宣传，说服人。实践不仅是验证理论，还能宣讲理论，更能令践行者在实践过程中接受教育。"1991 年 3 月 19 日，钱老还在北京香山亲自安排、出席指导了我国首次沙产业学术研讨会。钱老在会上做了报告，对"沙产业"的概念内涵、意义价值及其引发的产业革命做了详细的阐述。在报告中，钱老强调，我国的沙漠和戈壁大约有 1.1 亿公顷，这同我国的耕地面积差不多一样大。沙漠和戈壁并不是什么也不长，异常干旱不长植物的是极少数，大部分沙地还是有些降水、有植物生长，有些沙漠地带还长出不少多年生的小植物。内地也有小部分农田日渐沙漠化，其实是可以考虑用引水灌溉的方法来治理。目前人们从沙漠和戈壁获取的只限于特产和药材，但也只采不种。要搞沙产业，就应该既采又种，提高产量。现在国外也有人研究在沙漠地带种"石油植物"，这种植物收割后可提炼类似原油的产品。这样，广袤的大漠荒原便会成为取之不竭的地面油田。那真是沙产业的大发展了。这次会议不仅是一次国内沙漠知名专家学者及实际工作者的大汇聚，而且被视为我国沙产业的开端。钱老亲自整理了会议纪要，此后，还一直关注和指导我国沙产业的每一步发展。如今，他又要把自己如此巨额的奖金投入到其中。作为这一项目负责人的刘恕怎么能不感动呢？

刘恕掩饰不住内心的激动，竟冒出一句："那我们是不是得给您开一个收据？"

钱老笑着说："你们就拿去用吧，这属于私有财产，可以交给专人管理起来，至于收据，就不必开了。"

看着眼前这位慈祥的老人，刘恕不禁想起了自己和钱老第一次打交道的情景。那还是1989年，初到科协工作的她第一次见到钱老这位大科学家，内心激动极了。本该向钱老报告科协的工作，却兴奋地聊起了自己的专业学术。在她的心里，总是隐隐觉得"沙产业对于钱老来说算是跨领域，而自己可是苏联留过学的科班出身"。钱老一边微笑着倾听，一边不住地点头。事情过去一周以后，刘恕接到了钱老送来的两篇论文，一篇是《创建农业型的知识密集产业——农业、林业、草业、海业和沙业》，另一篇是《第六次产业革命和科学技术》。文章后面还附着一张纸条，上面写着："老旧货了，请您把它作为老古董保存吧！"读着手里的这两篇文章，刘恕的脸慢慢红了起来。她被钱老的思想和论述彻底折服了。钱老对沙产业的认识如此高屋建瓴，而对自己的"不知天高地厚"，却又显得如此谦逊。从钱老这里，她得到了一生中最宝贵的教诲和最大的礼物。在此后的工作中，刘恕越发尊敬这位大科学家。几十年后，她还清楚地记得钱老对

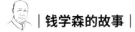

她的告诫："不要眼光小了，这（沙产业）是社会主义建设的大事，要让沙漠为我们服务"。她明白，这是钱老提醒像她一样的年轻人，不可故步自封，要学会用辩证思维认识事物，去认识沙漠，要用前瞻性的视角，从社会发展的高度认识大农业产业革命的价值，从而站在战略格局中积极地推动它，迎接它。

最后，钱老勉励刘恕说："你们这个沙产业课题组还应该再作努力，设法在治沙这个领域里比其他国家领先一步，为开发我国西北部的大漠荒原再出一把力。"

钱老这重如千钧的话语饱含着他炽热的爱国情感。在刘恕眼里，钱老已不仅仅是具有渊博知识的科学家，他能真正从物欲的泥淖中解放出来，将自己的生命融入祖国的命运中；他具有品高德馨的人格魅力，不愧为"爱国知识分子"的典范；他的高风亮节不断地散发出光和热，启发人们的良知，冲击人们的心灵。他，是所有中国人学习的榜样。

2018年，刘恕在中国农业大学召开的"钱学森科学思想论坛——第六次产业革命理论与实践"研讨会上与钱学森之子钱永刚教授在一起

6
思念故友

2007 年 12 月 11 日是钱学森 96 岁的生日。钱学森的好友著名力学家郭永怀的夫人李佩和钱学森的学生郑哲敏、庄逢甘前来为他庆贺生日。96岁的钱学森忽然望着李佩问道："你有几个孩子？"显然，他一时间有些糊涂了。气氛瞬间有些低沉，因为郭永怀已经去世多年，而他和李佩唯一的孩子也已经去世。如今的李佩已是孑然一身。当钱学森听到李佩回答："我现在一个孩子也没有了！"仿佛一下子意识到了什么，陷入了久久的沉默之中。他此时的心中泛起的，是对好友的深深怀念。

早在美国留学时，郭永怀和钱学森就已经成为挚友。1941 年 5 月郭永怀前往加州理工学院古根海姆空气动力学实验室，在冯·卡门的指导下，从事空气动力学前沿问题的研究，并于 1945 年获得博士学位。在加州理工学院期间，郭永怀和钱学森交往频繁，结下了深厚的友谊。即使是在钱学森被软禁的时候，两家人也没有中断交往。休假的时间，郭永怀夫妇常会到加州理工所在的帕萨迪纳市住上一段时间，也常去钱学森家做客。

1956 年 2 月，刚刚回国的钱学森怀着激动的心情，给当

1947 年 2 月同在美国的钱学森和郭永怀

时还在美国的好友郭永怀发出了一封热情洋溢的信，邀请他早日回国：

我们现在为力学忙，已经把你的大名向科学院管理处挂了号，快来，快来！请兄多带几个人回来。这里的工作，无论是在目标、内容、条件方面，都是世界先进水平，这里才是真正科学工作者的乐园！

接到邀请信的郭永怀抓紧完成了在美国的研究工作，第二年就动身回国。就在他刚刚踏上祖国土地的时候，前来迎接的人又交给他一封钱学森写于 1956 年 9 月 11 日的书信，信中写道：

我们一年来是生活在最愉快的生活中，每一天都被美好的前景所鼓舞，我们想您们也必定有一样的经验：今天是足踏祖国土地的头一天，也就是快乐生活的头一天。

我个人还更要表示欢迎你，请你到中国科学院力学研究所来工作。我们已经为你在所里准备好了你的办公室，是一间朝南的在二楼的房间。淡绿色的窗帘，望出去是一排松树，希望你能满意。你的住房也已经准备了。离办公室只有五分钟的步行，离我们也很近，算是近邻。

1960 年钱学森和郭永怀（右二）在中科院力学所的座谈会上

钱学森和郭永怀的办公室紧挨着。钱学森担任所长，而回国后的郭永怀担任了力学所的副所长，很快就成为高科技领域举足轻重的人物。所以，郭永怀与钱学森两人不仅系出同门，更是亦师亦友的莫逆之交。两人都在异域扬名却又心系故土，毅然回国。这次重聚后，他们开始携手为新中国的科研事业努力奋斗，缔造新的传奇。

不久后，钱学森推荐郭永怀参与核弹研究。郭永怀为解决原子弹内爆过程、结构设计、气动外形、环境试验等诸多关键技术问题，做出了卓越贡献。1964 年，中国第一颗原子弹爆炸成功。1966 年，中国首次"两弹结合"试验在西北偏僻的戈壁滩上进行。钱学森参与的是导弹研制，郭永怀参与的是核弹弹头的研制，这是两位老朋友的又一次合作。

而就在"两弹结合"试验成功以后两年，59 岁的郭永怀带着我国第一颗热核试验的现场数据资料飞回北京。而就在着陆前，飞机失事了。人们找到郭永怀的遗体时，看到他和警卫员两人搂在一起，将公文包紧紧地抱在胸前，包中的机密材料完好无

郭永怀（右一）和钱学森（右二）在核武器试验场讨论技术问题

损。这个消息让钱学森倍感痛苦。一对相知多年、合作无间的亲密伙伴，刹那间阴阳两隔。留给钱学森的，只是难以言状的孤独。1980 年他在一篇怀念郭永怀的文章中，他深情地写道：

现在已是八十年代的第一春，还要倒数到第十一个冬天，郭永怀同志因公乘飞机，在着陆事故中牺牲了。是的，就那么十秒钟吧，一个有生命，有智慧的人，一位全世界知名的优秀应用力学家就离开了人世：生和死，就那么十秒钟！

人们总说，人老了，总爱沉浸在对过去的回忆中。对好友的思念，就常常涌上钱学森的心头，他时常回忆起和这位挚友相处的点点滴滴。郭永

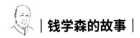

怀在加州理工取得博士学位后，进入康奈尔大学航空研究院。钱学森便开车载着他，从加州到波士顿 3000 多公里旅程，两个人穿越了大半个美国。钱学森常常回忆起这段两人结伴同游的情景，当然，还有最后话别时的内心难言的不舍与瞬间袭来的孤单。

有这样的知己同游，是难得的。所以，当他到了康奈尔大学而留了下来，而我还要一个人驾车，继续东行到麻省理工学院时，我感到有点儿孤单。

1968 年 12 月 25 日，郭永怀被授予烈士称号。

1999 年 9 月 18 日，追授郭永怀"两弹一星元勋奖章"。

7
钱学森之问

　　2009 年 8 月 6 日上午，国务院总理温家宝冒着蒙蒙细雨，来到钱学森家中。这是他近几年第四次来看望钱学森。温总理每次来做客，钱学森都会向他表达对人才培养问题的思考。这一次，温总理坐在钱老床边，两人又聊起了人才的话题。温家宝十分感动地回顾了钱学森多次提出的大力培养杰出人才的建议。他对钱学森表示，努力培养杰出人才，不仅是教育遵循的基本原则，也是国家长远发展的根本。钱学森听到温总理的话，满意地笑了起来。钱学森一生致力于培养青年才俊，而他对人才培养的远见卓识将会对国家发挥出更加深远的影响。尤其是他著名的"钱学森之问"，至今令人振聋发聩。

　　那还是在四年前的 2005 年 7 月 29 日，国务院总理温家宝看望因病住院的钱学森。交谈中，钱老谈到中国的教育时心情颇显沉重。他坦诚地对温总理说："现在中国没有完全发展起来，一个重要原因是没有一所大学能够按照培养科学技术发明创造人才的模式去办学，没有自己独特的创新的东西，老是'冒'不出杰出人才，这是很大的问题！"钱老提出的这个"很大的问题"，被称为"钱学森之问"。这是一位伟大的科学家在 94 岁高龄之时，面对中国教育发出的深深遗憾。

　　作为一位伟大的爱国者，钱学森以科教兴国为自己的崇高使命，在从事科学技术研究和管理工作的同时，长期热忱地关注着中国的教育事业，并为之倾注了大量心血。对于中国的教育问题，钱老始终没有停止思考。

钱老一直强调，要提高我国的国民素质，提高科学技术的整体水平，必须重视教育，重视人才的培养。他多次提出学校德育和智育的目标以及改善学校教育的办法和建议。他说道："教育是社会进步的保证。不要忘记：在田赛场上是快者夺标；打仗，是强者取胜；提高全民的文化素质，靠教育达标。"他反复强调："学校，是人才的摇篮，也是人才的宝库。"关于对人才的培养，钱学森有过这样一段论述：人的才能主要靠后天培养，而不是先天就有的。古今中外，一批又一批才能卓越的人才，都是他们所经历的学习环境教育出来的。这是符合马克思主义教育观的真知灼见，也是他自己的切身体会。

1991 年，钱学森以 80 岁高龄，参加了他的母校——北京师范大学附属中学 80 周年校庆。在这次校庆会上，《光明日报》一位记者采访了钱学森。他以激动的心情对记者说道："回想六十多年以前在附中受到的老师们的教育，我们这些人是一辈子难忘，终生感谢的。中学时代的老师在知识、智力及能力方面都给我打下了良好的基础。"

钱学森一生不仅直接培养和扶持了一大批中青年科学家，积累了丰富的教育教学经验，而且从他自己当学生、教师及科学家的切身经历和巨大成功中，特别是在他所研究的系统科学、思维科学的启发下，提出了许多富有哲理、新颖深刻的教育见解。他提出了大成智慧学，撰写了《教育理论、思维科学与脑科学》。他对自己一生接受的教育做出了总结：

从我自幼所受教育来看，青少年培养要从多方面，包括文艺、绘画、音乐入手。

我自幼的老师就有：

（1）父亲钱家治——写文言文

（2）母亲章兰娟——爱花草

（3）小学老师于士俭——广泛求知、写字

（4）中学老师董鲁安（于力）——国文、思想革命　俞君适——生物学

高希舜——绘画、美术、音乐　　李士博——矿物学（十级硬度）

王鹤清——化学（原子价）　　傅仲孙——几何（数学理论）

林砺儒——伦理学

（5）大学老师　钟兆林——电机工程　陈石英——热力学

（6）预备留美　王助——经验设计

（7）留美 Theodore von Karman

（8）归国后 毛泽东　周恩来　聂荣臻

看来要大力发展思维科学。

从这份手稿中至少可以看出两点，一是钱学森认为人才的培养与全方位思维开发有着密切的关系，研究教育要大力发展思维科学；二是他认为自己一生的知识和成就都与曾经教导过他的杰出教育者有着密不可分的关系。因此，钱学森在诸多场合不止一次地提道："高等院校要名副其实，要有一批高水平的教师。"

钱学森本人不仅是科学家，也是教育者。他曾长期在美国著名院校任教，回

钱学森手稿

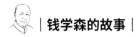

国后，也未曾中断教学实践。他不仅主持创办过各种人才培训班，并亲自任教，而且还是中国科技大学主要创始人之一。早在1958年春天，中国科学院的一些科学家倡议：利用科学院的力量创办一所培养尖端科技人才的新型大学，钱学森便是积极的倡导者。这一建议很快得到批准。在6月8日至9月20日的中国科技大学筹备期间，钱学森任中国科技大学筹备委员会委员。这个筹备委员会是经过中共中央批准成立的，由10人组成，其中中国科学院7人，包括郭沫若院长和两位副院长、两位副秘书长、一位学部主任，还有一位就是钱学森，他是唯一一位以研究所所长身份参加筹备委员会的。中国科大成立后，郭沫若院长兼任校长，钱学森与力学所副所长郭永怀等著名科学家积极筹建力学和力学工程系（简称力学系），并确定该系设立高速空气动力学、高温固体力学、化学流体力学、土及岩石力学4个专业。钱学森兼任力学系系主任长达20年之久，为力学系的创建和发展奠定了基础，也为学校的整体建设贡献了力量。

　　1961年4月12日，以科罗廖夫为首的苏联航天科学家和工程师们，首先用火箭将"东方1号"载人飞船送入了太空，尤里·加加林乘飞船用108分钟绕地球一周并安全返回地面，这是破天荒的一件大事，它标志着人类自身已经进入太空领域。未来要参与尖端科学技术的中国科学技术大学的学生们特别渴望能更多地知道载人航天飞行的有关知识。仅仅过了二十天，5月2日这天，钱学森就来到校给全校师生作了一场精彩的关于载人宇宙飞船的报告。当时学校万人空巷，钱学森的报告使师生们听得十分入迷。他从人类对航天的向往、前人的各种科技活动、载人航天的动力需求、飞行器结构的设计和制造、飞行轨道的设计、发射、制导、运行和回收及人的超重、失重和空间医学等一系列的问题，有层次地作了简要介绍。报告结束前，钱学森特别提到，苏联20世纪40年代举办了"技术物理学院"，为苏联人造卫星的上天和返回式卫星的发射成功，以及载人航天的辉煌成就，培养出一大批尖端科学人才。由此，钱学森强调了人才培养的重要性，希望中国科技大学也能为国家在未来的十至十五年内培养出一批高素质的尖端科学技术人才。

钱学森一直关注着我国教育的发展。随着我国改革开放方针的全面贯彻执行，教育改革也被提到了日程上。对此，钱学森十分欣喜，对我国教育事业的未来充满信心。20世纪80年代初期，在一次记者访谈中，钱学森以极少有的口气说道："我敢夸这个海口，只要能为培养人才创造良好的条件，那么，就拿我们的高等学校来说，在现有的基础上，五年工夫，就可以达到世界先进水平。"

然而，教育改革出现的种种问题，也常令钱学森感到困惑和心焦。他总是想尽办法，利用一切可以利用的机会，大声地呼吁教学改革和教育科学的重要性。上到教育理念方法，下到教师的生活待遇，都曾是他关心的问题。

钱学森曾经颇有感慨地说道："当教师的很大精力花在买菜、做饭、带孩子上，怎么能集中精力教书？赵红洲写了篇文章题目叫《科学能力是特殊的生产力》，发表在《红旗》杂志上，为的就是在这方面引起大家的注意。我们给教师的待

1978年8月，钱学森来到全国青少年航空夏令营营地，为青少年签名留念

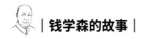

遇起码得让他们维持简单的再生产。现在是连简单的再生产也难维持，弄得很多教师的身体越来越坏。据说，凡是关心教师队伍建设的院校，教师生活的安排就好些，困难也少些。教师生活有了保障，提高教学能力是不难做到的。"

　　一番话，使钱学森爱才、惜才、育才，关心教育改革，关怀教师队伍建设的拳拳之心，溢于言表，感人至深！唯有如钱老这样富有炽热的爱国心和高度的责任感，才能令他在安享晚年的 94 岁高龄之时，还心系教育和人才培养，提出发人深思的一问吧！

8
最后的日子

钱学森年过九旬后，便久卧病榻，语言不多。医生唯恐钱老会患上老年痴呆症。

老年痴呆症又称"阿兹海默症"。据不完全统计，在八十岁以上的老年人中，患病率高达百分之十五至百分之二十。老年痴呆症的表现之一，就是计算数字产生障碍。医院的大夫按照老年痴呆症的测试"规矩"，连问了他几个问题："一百减七是多少？"钱学森不假思索回答说："九十三。"大夫继续问："九十三减七是多少？"钱学森迟疑了一下，答道："八十六。"大夫再问："八十六再减七呢？"这时，钱学森发觉大夫在怀疑自己的思维能力，拿这种测试小学生的题目来考他，顿时脸露愠色，大声呵斥道："你知道你问的是谁吗？我是大科学家钱学森！"站在一旁的赵医生先是一怔，然后忍俊不禁。负责测试的大夫也笑了，因为这已经清楚地表明，大科学家钱学森依然思维清晰。

保健医生赵聚春说，钱学森体质很不错，中年时期几乎不生病，不住院。而钱学森的健康亮起红灯，是在20世纪80年代初的一次体检时，工作非常仔细的三〇一医院化验员从钱学森尿液沉渣中发现了肿瘤细胞。于是，医院对钱学森进行了严格的身体检查，查出尿液沉渣中的肿瘤细胞来自膀胱。这表明，钱学森可能患上了膀胱癌。钱学森不得不住院检查。

经过用膀胱镜进行检查，钱学森被确诊膀胱癌变。著名泌尿科专家、中国科学院学部委员吴阶平非常关注钱学森的病情，亲自过问钱学森的手术。幸亏发现及时，钱学森经过外科手术切除恶性肿瘤之后，直至他九十八岁病逝，再也没有发现癌细胞转移。

在八十岁之后，随着年岁的增长，钱老也没能挣脱"老而病"这条人生不可抗拒的规律，身体的病痛渐渐多了起来，身体明显开始走下坡路。他觉得走路困难，双腿疼痛，经检查患上了"双侧股骨头无菌性坏死"，不得不坐上轮椅。在家中，钱学森则依靠推着圆形步行器行走。为了避免感染，医生建议钱老尽量减少会客。于是，钱老就每天亲笔写信。他写下大量的书信，通过书信与友人交换意见，对各种问题发表自己的见解。

可糟糕的是，不久，钱学森又罹患了"腰椎楔形骨折"，病痛使他难以久坐。从九十岁之后，钱学森只能卧床静养。为了使终日卧床的钱学森能够有机会锻炼身体，照料他生活的公务员每天要为其套上钢丝背心，小心翼翼地把他放在轮椅上，在房间里转上十几圈。然后脱去钢丝背心，再躺到床上。

随着年事渐高，钱学森住院的日子也渐渐多起来。钱学森每一次住院，蒋英必定亲自送他下楼，在家门口注视着他被抬上救护车。然后，蒋英再到三〇一医院的病房探视钱学森，在病房里陪他聊天。其实，晚年的钱学森的听力明显下降，听不清老伴儿讲话，所以聊天时常常"自说自话"，但是他们每次都聊得津津有味！

在三〇一医院南楼病房，钱学森常常自称"小弟弟"，因为住在那里的萧克上将比钱学森大四岁，活了一百零一岁，而吕正操上将比钱学森大六岁，活了一百零四岁。跟萧克、吕正操相比，钱学森的确只是"小弟弟"。每次见到钱学森被送进三〇一医院，赵聚春医生总是为他担心，因为他始终希望首长能够像萧克、吕正操那样活过百岁。钱学森总是指着医院墙上的一幅油画安慰赵医生。画上画的是在火箭发射基地，在聂荣臻元帅之侧，站着风华正茂的钱学森、李福泽和栗在山。

聂荣臻元帅生于 1899 年，1992 年去世，终年九十三岁；

李福泽是中国人民解放军少将，国防科委副主任兼二十基地司令员，生于 1914 年，1996 年去世，终年八十二岁；

栗在山是中国人民解放军少将，国防科委副政治委员，生于 1916 年，2007 年去世，终年九十一岁。

钱学森说："我活得比他们都长啊！"

赵聚春医生明白，那是钱学森在安慰他，让他不要担心。

在钱学森生命的最后几年，三〇一医院发现钱学森患了"呼吸睡眠暂停综合征"。这是在 20 世纪 70 年代新确定的一种病症，是指有的人在睡眠时突发呼吸障碍，反复出现短时间停止呼吸，对生命造成严重的威胁。

钱学森是坚强的人。在晚年，钱学森被"双侧股骨头无菌性坏死"锁在轮椅上，被"腰椎楔形骨折"锁在病床上，即便如此，他仍以不停思索的大脑，以顽强的意志力，关注着国家的命运，关注着时代的步伐。

2009 年 10 月 31 日上午 8 时 6 分，钱学森的心脏最终停止了跳动，享年 98 岁。临终，他没有留下遗言。对自己的一生，他抱持的是十分坦然的态度：

我个人的历史都在档案中，留在那里最好，我的功过，我死

无数民众冒雪自发前往吊唁，他的丰功伟绩和高尚情怀永远留在人民心间。

后人民自有评说。

两年之后的 2012 年 2 月 5 日，妻子蒋英也在北京病逝，享年 92 岁。

2008 年初，钱学森被"感动中国"组委会评为 2007 年"感动中国年度人物"，颁奖词这样写道：

在他心里，国为重，家为轻，科学最重，名利最轻。5 年归国路，10 年两弹成。开创祖国航天，他是先行人，劈荆斩棘，把智慧锻造成阶梯，留给后来的攀登者。他是知识的宝藏，是科学的旗帜，是中华民族知识分子的典范。

钱学森是享誉世界的杰出科学家，中国航天事业的奠基人，他始终保持着对共产主义的坚定信念，堪称中国当代爱国知识分子的杰出典范。他始终站在世界科技的前沿，用于开拓，善于创新。他高度关注中国科技人才队伍建设，造就了一大批堪当历史重任的一流科学家和工程技术专家。他不仅以自己严谨的科学精神，为人类进步做出卓越的贡献，更以率真的人生态度，诠释了一个科学家的高尚品质。